사료로 보는
우리
고대사

윤내현의 청년을 위한 고대사 ❸

사료로 보는
우리
고대사

윤내현 지음

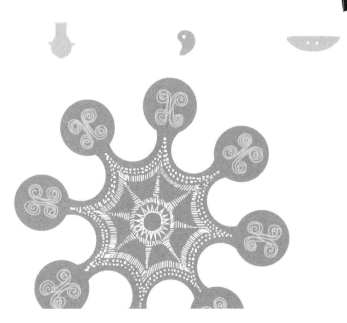

만권당

머리말

　중국의 동북공정과 일본의 역사 왜곡의 소용돌이 속에서 우리
는 역사전쟁을 치르고 있다. 이 전쟁은 현재의 전쟁일 뿐만 아니
라 미래의 전쟁이기도 하다. 우리는 이에 대한 대응논리를 마련해
야 한다. 가장 좋은 대응논리는 진실이다. 진실을 말해야 한다. 나
는 역사적 진실을 말하기 위해 이 책을 쓴다.

　지금까지 우리 고대사 체계에는 진실을 말하기에는 너무 크고
많은 오류가 있었다. 고조선(古朝鮮)에 대한 인식이 그렇고 특히 고
대사 체계가 그렇다. 고조선을 포함한 고대사는 우리 민족사의 첫
출발 부분이기 때문에 후대의 역사를 바르게 인식하는 기초가 된
다. 따라서 고조선과 고대사가 잘못되어 있다면 우리 역사 전체를
잘못 이해할 수밖에 없게 되는 것이다.

　나는 오래전부터 이러한 점을 강조해왔다. 이를 바로잡기 위해

『고조선 연구』와 『한국 열국사 연구』 등의 연구서를 출간하는 한편, 여러 편의 연구논문을 발표하면서 고대사를 바로잡아야 할 필요성과 중요성을 역설해왔다. 그러나 그 결과는 아직도 기대에 미치지 못하고 있는 것이 현실이다. 책임 있는 자리에 있는 사람들의 관심이 너무 부족하다.

중국은 동북공정으로 일본은 역사 왜곡으로, 자신들에게 유리하도록 역사를 이용하고 있다. 그런데 우리는 있었던 사실조차도 바르게 복원하지 못하고 있으니 가슴 아플 따름이다. 중국과 일본에서 하는 짓이 칭찬받을 일은 아니지만 그들은 역사의 중요성과 그 효과를 너무 잘 알고 있다. 이와 달리 우리는 역사의 중요성과 그 효과에 대해 무지할 정도로 관심이 적다. 참으로 개탄하지 않을 수 없다.

이 책에 실린 사료는 내가 대학에서 '사료 강독'으로 사용했던 문헌자료 가운데 일부이다. 여러 자료에서 고조선 및 우리 고대사 체계와 관계된 것을 골라 이해하기 쉽게 엮고 풀었다. 새삼스럽게 이런 자료를 소개하는 까닭은 한국 고대사의 문제점에 대해 우리 8천만 겨레가 함께 고민하고 그 해결책을 강구했으면 하는 마음에서이다.

개정판 출간을 쾌히 승낙해주신 만권당 양진호 대표에게 진심으로 감사드린다.

2017년 3월

윤내현

차례

머리말 4

들어가며 13

•1• 고조선 이전의 사회상을 말한다 • 21

　　사료 1 『삼국유사』 권1 「기이」 〈고조선〉조 – 왕검조선 • 23

　　사료 2 『제왕운기』 권 하 「전조선기」의 주석 • 27

　　사료 3 『응제시집주』 「시월이십이일명제십수」 〈시고개벽동이주〉 • 30

•2• 고대 조선과 단군왕검의 등장을 확인한다 • 32

　　사료 1 『삼국사기』 권17 「고구려본기」 〈동천왕 21년〉조 • 33

　　사료 2 『삼국사기』 권22 「고구려본기」 〈보장왕〉 하 • 35

　　사료 3 『삼국유사』 권1 「기이」 〈고조선〉조 – 왕검조선 • 37

　　사료 4 『제왕운기』 권 하 「지리기」 • 40

　　사료 5 『제왕운기』 권 하 「전조선기」 • 42

　　사료 6 『고려사』 권12 「지리지」 〈서경유수관평양부〉조 • 44

　　사료 7 『사기』 권38 「송미자세가」 • 46

　　사료 8 『상서대전』 권2 「은전」 〈홍범〉 • 47

　　사료 9 『관자』 권23 「규도」 • 48

　　사료 10 『관자』 권24 「경중갑」 • 50

　　사료 11 『산해경』 권18 「해내경」 • 52

　　사료 12 『산해경』 권12 「해내북경」 • 53

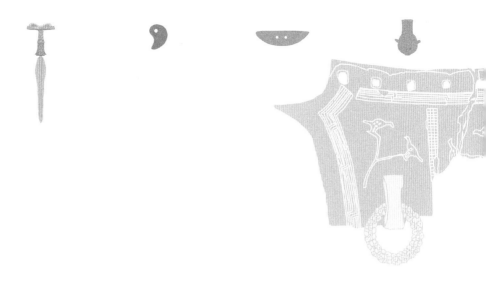

•3• 고조선의 서쪽 국경은 난하와 갈석산이다 • 55

　사료 1 『사기』 권6 「진시황본기」 〈진시황 26년〉조 • 57

　사료 2 『사기』 권6 「진시황본기」 〈2세 황제 원년〉조 • 61

　사료 3 『사기』 권12 「효무본기」 • 67

　사료 4 『한서』 권6 「무제기」 • 70

•4• 만리장성의 동쪽 끝은 갈석산 지역이다 • 72

　사료 1 『사기』 권88 「몽염열전」 • 73

　사료 2 『사기』 권110 「흉노열전」 • 75

　사료 3 『태강지리지』 [『사기』 권2 「하본기」의 갈석에 대한 주석인 『사기집해』에 수록] • 80

　사료 4 『통전』 권186 「변방」 〈동이〉 '고(구)려' • 81

　사료 5 『진서』 권42 「당빈열전」 • 83

　사료 6 『통전』 권178 「주군」 〈평주〉 노룡현에 대한 주석 • 84

•5• 고대의 요수는 지금의 난하이다 • 87

　사료 1 『회남자』 권4 「추형훈」 • 88

　사료 2 『염철론』 권9 「험고」 • 90

　사료 3 『후한서』 권85 「동이열전」 〈고구려전〉 • 91

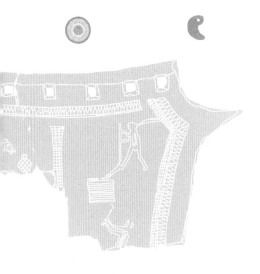

사료 4 『삼국지』 권30 「오환선비동이전」 〈고구려전〉 • 92

사료 5 『삼국유사』 권3 「흥법」 〈순도조려〉 • 93

•6• 요동은 2가지 의미가 있다 • 95

사료 1 『제왕운기』 권 하 • 97

사료 2 『한서』 권28 「지리지」 하 • 98

사료 3 『한서』 권40 「장진왕주전」 • 99

•7• 고조선의 영역은 한반도와 만주 전부였다 • 103

사료 1 『후한서』 권85 「동이열전」 〈예전〉 • 106

사료 2 『삼국사기』 권1 「신라본기」 〈시조 혁거세거서간〉 • 108

사료 3 『고려사』 권56 「지리지」 〈강화현〉 • 110

사료 4 『후한서』 권85 「동이열전」 〈고구려전〉 • 111

사료 5 『삼국지』 권30 「오환선비동이전」 〈고구려전〉 • 111

사료 6 『후한서』 권85 「동이열전」 〈부여국전〉 • 113

사료 7 『후한서』 권85 「동이열전」 〈고구려전〉 • 113

사료 8 『후한서』 권85 「동이열전」 〈예전〉 • 113

사료 9 『후한서』 권85 「동이열전」 〈한전〉 • 114

•8• 기자는 조선의 거수였다 • 117

　사료 1 『논어』「미자」 • 119

　사료 2 『사기』 권4 「주본기」 • 120

　사료 3 『사기』 권38 「송미자세가」 • 122

　사료 4 『상서대전』 권2 「은전」〈홍범〉 • 123

•9• 기자의 망명지는 난하 유역이다 • 127

　사료 1 『한서』 권28 「지리지」 하 「낙랑군」 '조선현'에 대한 주석 • 130

　사료 2 『진서』 권14 「지리지」 상 〈낙랑군〉 '조선현'에 대한 주석 • 131

　사료 3 『위서』 권106 「지형지」 상 〈북평군〉 조선현에 대한 주석 • 133

　사료 4 『태강지리지』 [『사기』 권2 「하본기」의 갈석에 대한 주석인 『사기집해』에 수록] • 135

　사료 5 『통전』 권186 「변방」〈동이〉'고(구)려' • 136

　사료 6 『대명일통지』 권5 「영평부」〈고적〉조 • 138

•10• 하남성 동부에 기자묘가 있다 • 140

　사료 1 『사기집해』 (『사기』 권38 「송미자세가」의 주석) • 142

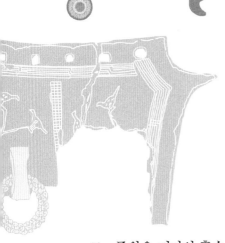

•11• 준왕은 기자의 후손이다 • 144

　사료 1 『후한서』 권85 「동이열전」 〈예전〉 • 146
　사료 2 『삼국지』 권30 「오환선비동이전」 〈예전〉 • 147

•12• 범금8조는 고조선의 법이다 • 149

　사료 1 『한서』 권28 「지리지」 하 • 151

•13• 위만조선은 요서 서부에 있었다 • 155

　사료 1 『후한서』 권85 「동이열전」 〈한전〉 • 156
　사료 2 『삼국지』 권30 「오환선비동이전」 〈한전〉 • 158
　사료 3 『위략』 (『삼국지』 권30 「오환선비동이전」 〈한전〉의 주석) • 159
　사료 4 『염철론』 권7 「비호」 • 164
　사료 5 『사기』 권115 「조선열전」 • 165
　사료 6 『사기』 권115 「조선열전」 • 169

•14• 서한은 위만조선과 어려운 전쟁을 치렀다 • 172

　사료 1 『사기』 권115 「조선열전」 • 174
　사료 2 『사기』 권115 「조선열전」 • 176
　사료 3 『사기』 권115 「조선열전」 • 179

•15• 한사군은 요서 지역에 있었다 • 183

사료 1 『사기』 권115 「조선열전」 • 186

사료 2 『한서』 권95 「서남이양월조선전」 • 188

사료 3 『한서』 권28 「지리지」 하 • 189

사료 4 『한서』 권64 「엄주오구주부서엄종왕가전」 • 191

사료 5 『한서』 권7 「소제기」 〈시원 5년〉조 • 192

사료 6 『후한서』 권85 「동이열전」 〈예전〉 • 193

사료 7 『삼국지』 권30 「오환선비동이전」 〈한전〉 • 194

•16• 고구려는 고구려현에서 건국되지 않았다 • 195

사료 1 『한서』 권28 「지리지」 하 〈현도군〉조 • 197

사료 2 『후한서』 권23 「군국지」 〈현도군〉조 • 198

사료 3 『후한서』 권85 「동이열전」 〈한전〉 • 199

사료 4 『후한서』 권85 「동이열전」 〈예전〉 • 201

사료 5 『후한서』 권85 「동이열전」 〈동옥저전〉 • 202

사료 6 『후한서』 권85 「동이열전」 〈고구려전〉 • 203

사료 7 『후한서』 권85 「동이열전」 〈읍루전〉 • 205

사료 8 『후한서』 권85 「동이열전」 〈부여국전〉 • 206

사료 9 『위략』(『삼국지』 권30 「오환선비동이전」 〈한전〉의 주석) • 208

사료 10 『삼국사기』 권13 「고구려본기」 〈시조 동명성왕〉조 • 210

사료 11 『삼국사기』 권13 「고구려본기」 〈시조 동명성왕〉조 · 211

사료 12 『삼국사기』 권14 「고구려본기」 〈대무신왕〉조 · 212

사료 13 『삼국사기』 권14 「고구려본기」 〈대무신왕〉조 · 213

사료 14 『삼국사기』 권14 「고구려본기」 〈대무신왕〉조 · 214

사료 15 『삼국사기』 권15 「고구려본기」 〈태조대왕〉조 · 215

•17• 이제 우리 고대사 체계를 바로 세우자 · 217

사료 1 『고려사』 권63 「예지」 「길예소사」 〈잡사〉 · 219

사료 2 『제왕운기』 권 하 「전조선기」 · 222

사료 3 『고려사』 권12 「지리지」 〈서경유수관평양부〉조 · 225

사료 4 『세종실록』 권154 「지리지」 〈평양부〉조 · 227

사료 5 『삼국유사』 권1 「기이」 〈고조선〉조 – 왕검조선 · 228

들어가며

    중국의 동북공정이 알려지자 우리 겨레와 국민은 분노했다. 중국이 역사를 왜곡하고 있다고 우리 학자들은 저마다 한마디씩 했다. 이는 국민들을 더욱 분노하도록 만드는 자극제가 되었다. 지금까지 우리 역사로 알고 배워온 고구려 역사가 중국 역사라니 말이 되는가. 어디 그뿐인가. 부여와 발해도 중국 역사에 포함되어야 하고 고구려가 지배했던 한강 이북 지역도 중국의 영토였다니 분노하지 않을 수 없다.

    고구려 역사를 빼앗기지 않으려는 행사가 여기저기에서 벌어졌다. 시민단체들은 서울 주재 중국 대사관 앞에서 항의 집회를 벌이는가 하면, 정부에서는 연구재단을 만들고 뜻있는 민간 기업에서는 고구려 관계 학회나 연구자들에게 연구비를 지원했다. 가난한 우리 인문학계의 처지에서 보면 엄청난 재정이 투입되었다. 그 결과 고구려사를 중심으로 고대사에 대한 국민들의 관심이 그 어느 때보다 높아졌다.

그런데 중국이 동북공정을 포기했는가? 우리의 대응논리는 만들어졌는가? 고구려사가 중국사에 포함되어야 한다는 중국인들의 논리는 무엇이고, 그것이 우리 역사여야 한다는 우리 학자들의 논리는 무엇인지 국민들은 알고 있는가? 그런 것 같지 않다. 이러한 현실을 걱정하면서도 역사를 사랑하는 국민이 있기에 다소 위안이 된다. 어떤 문제를 해결하려면 그 핵심이 무엇인지를 알아야 한다. 그것은 상식이다. 그렇지 못하면 내 다리가 가려운데 남의 다리를 긁는 형국이 되고 만다.

중국인들은 그러한 주장을 할 수 있는 나름의 근거를 가지고 있다. 그 핵심은 그들이 새로 개발한 것이 아니라 현재 통용되는 우리 역사 안에 들어 있다. 우리 역사를 보자. 한민족이 처음으로 세운 나라는 고조선(古朝鮮)이다. 고조선은 단군왕검(檀君王儉)이 건국했다. 고조선의 마지막 왕으로 준왕(準王)이 등장한다. 그런데 준왕에 대한 설명은 없다. 준왕은 단군왕검의 후손인 것처럼 보인다. 그러나 사료를 보면 그는 서주(西周)에서 망명한 기자(箕子)의 40여 대 후손이다.

준왕은 서한의 연(燕) 지역에서 망명한 위만(衛滿)에게 정권을 빼앗긴다. 위만조선(衛滿朝鮮)이 건국된 것이다. 위만조선은 서한(西漢)의 침공으로 멸망한다. 서한 무제(武帝)는 위만조선 지역을 서한의 영토에 통합시키고 서한의 행정구역인 낙랑(樂浪), 진번(眞蕃), 임둔(臨屯), 현도(玄菟) 등 4개 군을 설치한다. 한사군(漢四郡)이다. 이상의 체계는 북한도 마찬가지다. 한사군만 삭제되어 있을 뿐이다.

이러한 체계를 보라. 중국인들이 어떻게 생각하겠는가. 초기 고조선을 제외하면 한민족은 준왕, 위만 등 중국 망명자들의 통치를 받다가 서한 무제 때에는 서한에 통합되었다는 것이 된다. 우리 학자들 가운데는 단군왕검에 의해 세워진 고조선을 부정하는 사람도 있으니, 그렇게 되면 우리 역사는 중국 망명자들의 통치로부터 시작되는 것이다. 이러한 체계를 보면서 중국인들은 당연히 한국사는 중국사의 지류라고 생각할 것이다.

고구려를 보자. 현재 통용되는 한국사 체계에는 고구려가 현도군의 고구려현에서 건국되었다고 기술되어 있다. 현도군은 서한 무제가 설치한 행정구역인 한사군 가운데 하나이다. 서한의 영토인 것이다. 서한의 영토 안에서 고구려가 건국되었다면 중국인들의 시각으로서는 고구려는 중국사의 연장이라고 말할 수 있지 않겠는가.

어디 그뿐인가. 중국인들은 말한다. 한(韓)민족은 통일신라시대에 형성되었는데, 당시 신라의 영토는 대동강 이남 지역에 국한되었다. 고구려는 한민족이 형성되기 이전에 있었던 나라이므로 한민족 역사에 포함시키는 것은 무리이고, 더욱이 고구려는 한민족의 활동 지역 밖인 대동강 이북의 한반도와 요동 지역에 자리하고 있었으므로 한국사에 포함시키는 것은 부당하다는 것이다.

중국인들이 주장하는 근거는, 현재 통용되는 한국사 체계에 기술되어 있거나, 우리 학자들이 주장한 내용들이다. 중국인들이 동북공정의 논리를 펼 수 있는 근거를 우리가 스스로 제공했다고 말할 수도 있는 것이다. 학자들은 이 점에 대해서는 한마디도 하지 않고 중국인들이 역사를 왜곡했다고만 소리친다. 그러니 역사 지식이 부족한 일반 국민들은 그렇게 받아들일 수밖에 없다. 학자들은 현재 통용되는 우리 역사의 문제점에 대해 국민에게 솔직하게 말해야 한다. 국민들과 머리를 맞대고 함께 고민하고 연구해야 한다. 나는 결코 중국의 동북공정을 두둔하려는 것이 아니다. 그것은 그것대로 비판받아 마땅하지만, 우리의 대응자세에 문제가 있음을 지적하는 것이다.

지금 우리 학자들이 해야 할 가장 기본적인 일은 무엇일까? 그것은 우리 역사를 근본부터 재검토하는 것이다. 현재 통용되는 고대사 체계와 내용이 사실과 부합되는지를 확인하는 작업을 해야 한다. 그러한 작업은 역사적 자료 곧 사료 검토부터 해야 한다. 역사는 사실의 복원을 바탕으로 한다. 사실을 복원한 뒤 그것을 해석하고 의미를 부여하는 것이다. 사실의 복원은 사료에 따라야 한다. 그러므로 기본사료에 바탕을 두어 사실을 복원하고 우리의 역사 체계와 내용을 바로 세운 뒤 그에 따라 동북공정에 대한 대응 논리를 만들어야 할 것이다.

독자들은 이 책에 소개된 사료를 읽으면서 약간은 충격을 받을 것이다. 지금까지 우리 역사의 주류로 알고 있었던 준왕, 위만조선, 한사군 등이 우리 역사가 아니라는 사실이 확인되기 때문이다. 이들은 고조선의 서부 변경에서 일어난 사건들이었다.

우리 역사를 보면, 단군왕검이 세운 고조선이 계속 존재하다가 부여(夫餘)·읍루(挹婁)·고구려(高句麗)·비류(沸流)·행인(荇人)·해두(海

頭)·개마(蓋馬)·구다(句茶)·조나(藻那)·주나(朱那)·갈사(曷思)·동옥저
(東沃沮)·동예(東濊)·최씨낙랑(崔氏樂浪)·한(韓) 등으로 분열되었는데,
고구려는 이 가운데 하나였다. 그러므로 고구려가 건국한 지역도
현도군의 고구려현이 아니었다.

한민족은 고조선시대에 형성되었는데 고구려는 고조선 건국에
중심세력으로 참여했고 고조선의 거수국(渠帥國)이었다가 고조선의
뒤를 이은 나라이므로 한민족의 국가인 것이다. 고구려 건국 지역
인 졸본과 고구려현은 그 성격과 지리적 위치가 달랐다. 여기서
우리는 고조선의 중요성을 알게 된다. 고조선이 복원되어야만 당
시에 한민족이 형성되었음이 확인되고, 그래야만 그 뒤를 이은 고
구려를 포함한 여러 나라가 한민족의 나라가 되는 것이다.

사료에 따르면 우리 고대사는 다음과 같이 체계화된다. 한민족
이 처음으로 건국한 나라는 고조선이다. 고조선은 오늘날 요서 지
역을 포함한 만주와 한반도 전 지역을 그 영토로 하고 있었으므
로 이 지역을 고조선 문명권이라 부를 수 있다. 이 지역은 선사시
대부터 같은 문명권을 이루고 있었으며 황하 유역이나 북방 지역
과는 그 성격이 구별된다.

고조선 문명권에서는 구석기시대부터 인류가 활동을 했다. 인류
가 정착생활을 시작한 신석기시대의 개시 연대는 황하 유역과 비
슷하지만 그 사회가 정치조직화한 것은 황하 유역보다 훨씬 빠르
다. 홍산문화(紅山文化)를 포함한 후기 신석기문화 유적과 유물들이
그것을 보여준다. 청동기시대의 시작이나 고조선의 건국도 황하
유역보다 훨씬 앞선다. 사회발전이 빠른 것이다.

한민족은 동아시아에서 가장 먼저 청동기문화를 가졌고 가장 일찍 나라를 세웠다. 이것은 하가점하층문화(夏家店下層文化)를 비롯한 초기 청동기문화 유적과 『삼국유사(三國遺事)』 및 『제왕운기(帝王韻紀)』 기록 등이 말해준다.

고조선은 그 서부 변경에서 기자 망명, 위만조선 등장, 한사군 설치 등의 여러 가지 사건이 일어나는 긴 기간 동안 서부 영토에 다소 변화가 일어났을 뿐 그 동쪽에 계속해서 존재하다가 여러 나라로 분열되어 열국시대를 맞는다. 이러한 역사 전개 과정을 나는 『고조선 연구』, 『한국 열국사 연구』 등에서 구체적으로 체계화한 바 있다.

우리 고대사가 잘못되기 시작한 것은 고려 중기 숙종 때부터였던 것 같다. 숙종 때 평양에 기자묘와 사당을 만들고 기자를 국가 제사에 포함시킨다. 유학의 강화에 따른 모화(慕華)사상의 영향이었던 것 같다. 고려 후기에 오면 고조선을 전조선, 기자조선을 후조선이라 부르면서 이들을 같은 지역에 있었던 전후관계로 체계화하였고, 이때부터 기자의 후손인 준왕의 정권을 빼앗아 건국된 위만조선과 위만조선이 망하고 그 자리에 설치된 한사군도 함께 우리 역사의 주류에 자리 잡게 되었다. 그리고 전조선(고조선)과 후조선(기자조선)에 위만조선을 더하여 삼조선이라 부르기에 이르렀다. 이러한 체계는 근세 조선시대에도 그대로 이어졌다.

광복 뒤 우리 역사를 체계화하면서 위의 체계에서 기자를 삭제하였다. 일제 강점기 이후 기자가 조선에 왔다는 이른바 '기자동래설(箕子東來說)'을 부인하는 주장들이 있으므로 굳이 기자를 우리 역사의 주류에 넣을 필요가 없다고 생각했던 것이다. 여기서 참고로 알아두어야 할 것은 당시 학자들이 생각한 기자의 망명지 조선은 한반도였다는 점이다. 기자를 우리 역사에서 삭제한다면 기자의 후손인 준왕, 준왕의 정권을 빼앗아 건국된 위만조선, 위만조선이 망하고 그 자리에 설치된 한사군 등은 수직으로 연계되어 있는 사건들이므로 함께 삭제되어야 했다.

그런데 기자만 삭제되고 나머지는 우리 역사의 주류에 그대로 남았다. 그 결과 준왕은 단군왕검의 후손인 것처럼 되고 고구려를 포함한 한민족의 여러 나라는 한사군 지역 안에서 건국된 것으로 서술되었다. 이러한 잘못을 합리화하기 위해 『삼국사기(三國史記)』의 초기 기록(서기 3세기 무렵까지)은 신빙성이 없다는 주장까지 나오게 되었던 것이다. 그러나 이러한 현행 고대사 체계는 잘못된 것임이 사료를 통해 명백히 확인된다. 불행히도 우리는 고려시대 문헌이 현재 전하는 가장 오래된 것이어서 기본사료는 대부분 중국의 고대문헌에 의존할 수밖에 없는데, 이것은 오히려 객관성을 확보해준다.

지난날에는 특별히 고대사를 연구하는 학자도 많지 않았고, 고대사에 대한 체계적인 연구도 축적되어 있지 못해, 그런 오류를 범했을 것으로 이해할 수 있다. 하지만 크게 개선된 환경에서 연구하는 오늘의 학자들이 우리 역사에 근본적인 잘못이 있다는 것을 알면서도 이를 바로잡지 않는다면, 후손들은 우리를 어떻게 평가하겠는가. 깊이 생각해볼 일이다.

고조선 이전의 사회상을 말한다

개관

그리스신화나 로마신화 등 서양의 고대 신화에 관한 책은 많은 종류가 출판되어 있다. 그만큼 독자들의 수요가 있기 때문일 것이다. 이에 견주어 우리 신화에 관한 서적은 보기 어렵다. 관심 있는 독자가 많지 않기 때문일 것이다. 관심을 가진 독자가 없으니 그런 책들이 출판될 리 없고 집필하거나 연구하는 학자가 있을 턱이 없다.

서양의 신화에는 그 지역의 역사와 문화가 들어 있으며, 특히 건국신화에는 그 나라의 건국 역사와 그 사람들의 종교와 사상, 가치관 등 종합적인 문화가 들어 있다고 사람들은 믿는다. 고대 그리스신화나 로마신화는 서양 문명의 뿌리라고 생각한다. 서양에서 사회나 문화가 혼란을 겪을 때나 새로운 질서를 모색하고자 할 때, 그들은 고대 그리스신화와 로마신화가 지닌 의미를 다시 한 번 살피고 깊이 음미한다. 거기에서 갈 길을 찾는 것이다.

그러나 우리 신화는 그러한 가치를 부여받지 못하고 있다. 우리 겨레의 건국신화인 단군신화까지도 논의할 가치가 없다고 치부해 버리는 경향이 있다. 불행한 일이다. 고대 그리스신화나 로마신화가 서양인들에게 중요한 정보를 제공한다면, 단군신화는 우리에게 그와 대등한 가치를 지닌 정보를 제공할 것이 아닌가.

이제 우리의 신화도 종교, 역사, 철학, 문학 등 다양한 측면에서 연구되고 해석되어야 한다. 우리 민족의 건국신화인 단군신화는 특히 그렇다. 그 속에 우리 겨레의 형성과 성장 과정의 역사와 더불어 우리 겨레의 고대 종교와 사상, 가치관 등 종합문화가 들어 있기 때문이다. 단군신화는 『삼국유사』〈고조선〉조의 전반부와 『제왕운기』「전조선기」 및 『응제시주』에 실려 있다.

일부 학자들은 이를, 그 내용이 비과학적이라 하여 사료로서 가치를 인정하지 않는다. 그러나 고대인들에게 신화는 매우 과학적이고 합리적인 전달 방법이었다. 다만 그 속에 담겨 있는 의미를 우리가 충분히 추출해내지 못하고 있는 것이다. 단군신화는 고조선을 건국한 단군왕검이 출생하기 이전의 상황을 말한 것으로 고조선 건국 이전의 사회 변화를 전해주는 중요한 사료이다.

『삼국유사』 권1 「기이」 〈고조선〉조 – 왕검조선

『고기(古記)』에 이르기를, 옛날에 환인(桓因)의 지차(之次) 아들인 환웅(桓雄)이 있었는데 자주 천하에 뜻을 두고 인간세상을 탐내었다. 아버지가 아들의 뜻을 알고 (하늘) 아래의 삼위태백(三危太伯)을 내려다보니, 인간을 널리 이롭게[弘益人間] 할 수 있는 곳인지라, 천부인(天符印) 3개를 주어 보내어 가서 그곳을 다스리도록 하였다. 웅(雄)은 무리 3,000을 이끌고 태백산 마루 신단수(神壇樹) 아래로 내려와 그곳을 신시(神市)라 하였는데, 이분을 환웅천왕(桓雄天王)이라 일컬었다. 풍백(風伯), 운사(雲師), 우사(雨師)를 거느리고 곡물을 주관하고, 생명을 주관하고, 병을 주관하고, 형벌을 주관하고, 선과 악을 주관하고 인간의 360여 가지 일을 모두 주재하여 인간 세상에 있으면서 그곳을 합리적인 사회로 진화시켰다. 그때 한 마리의 곰과 한 마리의 범이 있었는데, 같은 굴속에 살면서 항상 신웅(神雄)에게 빌어, 사람이 되기를 원하였다. 그때 신웅은 영험한 쑥 한 타래와 마늘 20개를 주고서, 너희들이 그것을 먹고 100일 동안 햇빛을 보지 아니하면 곧 사람이 될 것이라 하였다. 곰과 범이 그것을 받아서 먹고 조심한 지 삼칠일이 되어 곰은 여자의 몸이 되었으나, 범은 조심하지 못하여 사람의 몸이 되지 못하였다. 웅녀(熊女)는 혼인할 상대가 없으므로 항상 단수(壇樹) 아래서 아이를 잉태하고자 한다고 빌었다. 환웅은 이에 잠깐 변화하여 그녀와 혼인하고 잉태시켜 아들을 낳았다. 이름을 단군왕검(壇君王儉)이라 하는데, 당고[唐高 : 요(堯)]가 즉위한 지 50년 되는 경인년(庚寅

年)에 평양성에 도읍하고 비로소 조선이라 불렀다.

『古記』云, 昔有桓因庶子桓雄, 數意天下, 貪求人世, 父知子意, 下視
三危太伯可以弘益人間, 乃授天符印三個, 遣往理之. 雄率徒三千,
降於太伯山頂神壇樹下, 謂之神市, 是謂桓雄天王也. 將風伯·雨師
·雲師, 而主穀主命主病主刑主善惡, 凡主人間三百六十餘事, 在世
理化. 時有一熊一虎, 同穴而居, 常祈于神雄, 願化爲人. 時神遺靈艾一炷
·蒜二十枚曰, 爾輩食之, 不見日光百日, 便得人形, 熊虎得而食
之忌三七日, 熊得女身, 虎不能忌, 而不得人身. 熊女者無與爲婚,
故每於壇樹下, 呪願有孕, 雄乃假化而婚之, 孕生子. 號曰壇君王儉,
以唐高(堯)卽位五十年庚寅, 都平壤城, 始稱朝鮮.

이것은 고려 말 일연 스님이 지은 『삼국유사』〈고조선〉조에 실
린 내용의 전반부이다. 단군신화로 널리 알려져 있다. 단군왕검이
고조선을 세우기 전 그의 조상들이 살아온 과정을 신화 형식으로
전하고 있다. 고대인들은 인간만사와 모든 자연현상을 신이 섭리
한다고 믿었기 때문에 그들이 살아온 과정도 수호신의 섭리로 받
아들였다. 따라서 자신들의 생활체험을 수호신들의 이야기로 전하
였던 것이다. 단군신화도 그렇게 보아야 한다.

단군신화에 따르면 고조선의 최고신은 하느님이었다. 하느님은
환인이라 불리었다. 그의 후손인 단군왕검이 고조선을 세웠다. 따
라서 하느님 환인은 고조선의 국신이자 한민족의 최고신이기도

했다.

단군신화에 나타난 고대 한민족의 종교사상은 지극한 인본주의가 핵심이었다. 환인의 아들 환웅은 사람들을 널리 이롭게 하기 위해 인간 세상에 내려와 인간들을 위해 일을 했다. '홍익인간' 이념의 실천이다. 이것은 지극한 인본주의이면서 또한 신과 인간이 함께 번영을 누리고자 하는 신인공영(神人共榮)의 사상이다.

단군신화는 화합을 추구한다. 하느님 환인의 아들 환웅은 지상에 내려와 지상의 곰신과 범신을 죽이거나 지배한 것이 아니라 그들의 뜻을 받아들여 곰을 여자로 진화시킨 뒤 그녀와 결혼하여 단군왕검을 낳았다. 하늘세계와 지상세계의 화합인 것이다. 하늘세계와 지상세계를 화합하게 한 매개체로 단군왕검이라는 인간이 존재한다. 인간의 존엄성을 설파하고 있는 것이다.

단군신화는 만물의 구성과 발전과정을 삼원론과 삼단계발전론으로 보고 있다. 단군신화의 골격은 환인·환웅·단군으로 되어 있고, 환인은 환웅에게 천부인 3개를 주었으며, 환웅은 무리 3,000을 거느리고 지상에 내려왔고, 운사·우사·풍백 3신이 환웅을 도왔으며, 곰은 삼칠일 만에 여자가 되었다. 모두가 셋을 기본으로 하고 있다. 우리 생활 이곳저곳에 배어 있는 삼세 번의 사고방식은 여기에 뿌리를 두고 있다.

단군신화는 인류 사회의 발전 과정을 압축해서 말하는 것이기도 하다. 환웅이 지상으로 이동했다는 것은 환인시대가 무리이동사회(구석시시대)였음을 말해주며, 환웅이 지상에서 관장한 여러 가지 일 가운데 곡물이 맨 먼저 언급되어 있는 것은 농경사회(신석기시대)를 말해준다. 환웅을 도운 풍백, 운사, 우사는 기후를 관장하므로 이들도 농경과 관계가 있다. 농경을 바탕으로 하여 마을이 출현하므로 이 시기를 마을사회(전기 신석기시대)라고 부를 수 있다. 환웅과 웅녀의 결혼은 하느님을 숭배하는 마을(씨족)과 곰을 숭배하는 마을(씨족)이 결합했음을 말해주는 것으로, 마을연맹체사회(후기 신석기시대)를 뜻한다. 마을연맹체에는 범 숭배 마을(씨족)도 참여했음을 알 수 있다.

하느님을 숭배하던 환웅족은 한족(韓族), 곰을 숭배하던 곰족은 고구려족[맥족(貊族) 포함], 범을 숭배하던 범족은 예족(濊族)이었다. 환인, 환웅의 환은 한과 통하고, 『후한서』「동이열전」과 『삼국지』「오환선비동이전」에 고구려는 큰 굴을 섬긴다고 했고, 일본인들은 고(구)려를 '고마'로 읽는 점, 위 「동이열전」과 「오환선비동이전」에 예는 범을 섬긴다고 기록되어 있는 점 등은 이를 알게 해준다.

이러한 성장 과정을 거쳐 단군왕검에 이르러 조선이라는 나라가 세워졌다. 단군신화의 골격은 고고학이 말하는 초기 인류사회 발전 과정과 일치한다. 이는 단군신화가 후대에 꾸며진 것이 아니라 한민족의 조상들이 자신들이 체험한 역사를 수호신들의 이야기로 압축해서 전하고 있음을 알게 해준다.

지난날 일본인들은 단군신화는 그 내용이 비과학적인 것으로서 몽골의 지배를 받았던 고려인들이 민족의식을 고취하기 위해 꾸며낸 거짓 이야기에 불과하다고 말했는데, 이는 단군신화 내용의 역사성과 고조선의 존재를 부인하기 위한 것으로 터무니없는 것이다. 고려시대에는 고고학이 존재하지도 않았는데, 어떻게 고고학이 말하는 사회 발전 과정과 일치하는 단군신화의 내용을 꾸밀 수 있었겠는가. 단군신화가 고고학에서 말한 것과 같은 사회발전론의 체계로 꾸며져 있다는 사실은 단군신화는 한민족의 조상들이 체험했던 역사가 골격이 되었음을 알게 해주는 것이다.

요점
단군신화는 고조선이 세워지기 이전 한민족의 조상들이 체험한 역사를 골격으로 하고 있으며, 그 내용에는 그들의 종교, 사상, 가치관 등 종합문화가 들어 있다.

사료 2
『제왕운기』 권 하 「전조선기」의 주석

『본기』에 이르기를, 상제 환인에게 지차 아들이 있었는데 이름이 웅이었다고들 한다. 웅에게 일러 말하기를, "삼위태백에 내려가 인간을 널리 이롭게 할 수 있겠느냐."라고 하였다. 이리하여 웅은 천부인 3를 받고 귀신 3,000을 거느리고 태백산 마루 신단수 아래로 내려왔다. 이분을 단웅천왕이라 부른다고들 한다. 손녀에게 명하여 약을 마시고 사람이 되게 하고 단수신과 결혼시켜 아들을 낳도록 하였다. 이름을 단군이라 하는데, 조선 지역에 웅거하여 왕이 되었다. 이런 까닭에 시라, 고례, 남북옥저, 동북부여, 예와 맥은 모두 단군의 자손인 것이다. 1,038년을 다스리다가 아사달산에 들어가 신이 되었으니 죽지 않았다고 하는 것은 이런 까닭이다.

『本紀』曰, 上帝桓因有庶子曰雄云云, 謂曰下至三危太白弘
益人間歟. 故雄受天符印三箇率鬼三千而降太白山頂神檀樹下,
是謂檀雄天王也云云. 令孫女飮藥成人身與檀樹神婚而生男,
名檀君據朝鮮地域爲王. 故尸羅·高禮·南北沃沮·東北扶餘·穢
與貊, 皆檀君之壽也. 理一千三十八年, 入阿斯達山爲神不死故也.

고려 말 이승휴 선생이 지은 『제왕운기』「전조선기」에 실린 저
자 자신의 주석이다. 『삼국유사』에 실린 단군신화와 골격이 거의
같다. 이승휴 선생은 일연 스님보다 연하지만 거의 같은 시대 인
물이다. 그런데 일연 스님은 불교 승려였으나 이승휴 선생은 유학
자였다. 서로 다른 학문 배경을 지닌 두 사람이 같은 내용의 단군
신화를 기록해놓았다는 것은 그것이 당시에 꾸며진 이야기가 아
니라 그 이전부터 전해왔을 것임을 알게 해준다.

서로 다른 부분도 있다. 예컨대 단군의 출생에 관해 『삼국유사』
에서는 곰이 여자가 되게 한 후 환웅이 잠시 남자로 변하여 그녀
와 결혼하고 잉태시켜 단군왕검을 낳게 했다고 했는데, 『제왕운
기』에서는 단웅천왕(환웅)이 손녀에게 명하여 약을 마시고 사람이
되게 하여 단수신과 결혼시켜 아들을 낳게 했다는 것이다.

고조선의 존속 기간도 『삼국유사』에서는 1,908년이라 했는데,
『제왕운기』에서는 1,038년이라 하였다. 이렇게 존속 기간을 다르

게 본 것은, 이 사료를 읽고 나면 이해가 되겠지만 이승휴 선생은 고조선의 뒤를 이어 그 자리에 기자조선이 있었다고 보았고, 일연 스님은 그렇게 보지 않고 고조선이 계속해서 존속하다가 고조선이 분열하여 열국시대가 된 것으로 보았기 때문이다. 일연 스님은 기자조선을 고조선의 후계세력이 아니라 고조선의 서방에 자리한 망명세력으로 보았다. 이 점은 뒤에서 확인할 것이다.

여기서 한 가지 관심을 갖게 하는 것은 단군의 '단' 자를 서로 다르게 기록하고 있다는 점이다. 『삼국유사』에서는 제단 단(壇) 자를, 『제왕운기』에서는 박달나무 단(檀) 자를 쓰고 있다. 이것은 두 사람이 서로 다른 자료에 의거하여 단군신화를 전했을 가능성을 말해주며, 단군은 한자 명칭이 아니라 한민족 언어 명칭이었을 가능성을 시사한다. 단군을 한자로 음사하는 과정에서 음은 같으나 뜻은 다른 한자를 서로가 사용했을 가능성이 있는 것이다.

요점

불교 승려인 일연 스님과 유학자인 이승휴 선생, 곧 학문의 계통과 배경이 다른 두 사람이 거의 동일한 내용의 단군신화를 기록해놓았다는 것은, 이것이 이들이 살았던 고려 말에 지어낸 이야기가 아니라 이전부터 전해 내려온 것임을 알게 해준다.

사료 3

『응제시집주(應制詩集註)』「시월이십이일명제십수(是月二十二日命題十首)」〈시고개벽동이주(始古開闢東夷主)〉

원저자의 주석 : 옛날에 신인이 단목 아래로 내려오니 나라 사람들이 그를 세워서 왕으로 삼고 단군이라 불렀는데, 그 시기는 중국 당요(오제 가운데 한 사람인 요를 말함) 무진 원년이다.

집주자의 주석 : 『고기』에 이르기를, 상제 환인에게 지차 아들이 있어 웅이라 불렀는데, 지상으로 내려가 사람이 되고자 하는 뜻이 있어 천인 3개를 받아 무리 3,000을 거느리고 태백산 신단수 아래로 내려오니 이분이 환웅천왕이다. 환 또는 단산은 바로 오늘날 평안도 희천군 묘향산이다. 풍백, 우사, 운사를 거느리고 곡물을 주관하고 생명을 주관하고 질병을 주관하고 형벌을 주관하고 선악을 주관하고 인간사의 360여 가지를 모두 주관하며 인간세상에 있으면서 합리적인 사회로 진화시켰다. 그때 범 한 마리와 곰 한 마리가 있어 같은 굴속에 살면서 항상 웅에게 빌기를, 진화하여 사람이 되기를 원하였다. 웅은 영험한 쑥 한 타래와 마늘 20개를 주면서 말하기를 그것을 먹고 햇빛을 100일 동안 보지 않으면 쉽게 사람의 형상을 얻을 것이라고 하였다. 곰과 범은 그것을 먹었는데, 범은 금기를 지키지 못하였으나 곰은 금기를 지킴으로써 삼칠일 만에 여자의 몸을 얻었으나, 더불어 혼인할 사람이 없으므로 매양 단수 아래서 잉태하기를 기원하였다. 웅은 이에 사람으로 변화하여 임신을 시켜 아들을 낳으니 단군

이라 하였는데, 당요와 같은 날 나라를 세워 국호를 조선이라 하고
첫 도읍을 평양으로 하였다가 뒤에 백악에 도읍했다.

自註: 昔神人, 檀木之下, 國人立以爲王, 因號檀君, 時唐堯元年戊辰也.
增註: 古記云, 上帝桓因, 有庶子曰雄, 意欲下化人間, 受天三印,
率徒三千, 降於太白山神檀樹下, 是爲桓雄天王也. 桓或檀山,
卽今平安道熙川郡妙香山也. 將風伯·雨師·雲師, 主穀主命主病
主刑主善惡, 凡主人間三百六十餘事, 在世理化. 時有一虎一熊,
同穴而居, 常祈于雄, 願化爲人, 雄遺靈艾一炷蒜二十枚曰, 食之,
不見日光百日, 便得人形, 熊虎食之, 虎不能忌, 而熊忌三七日,
得女身, 無與爲婚, 故每於檀樹下, 呪願有孕, 雄乃假化而爲人孕,
生子曰檀君, 與唐堯同日而立, 國號朝鮮, 初都平壤, 後都白岳.

이 사료는 『삼국유사』 〈고조선〉조에 실린 단군신화 내용과 거의
같은데, 그 전개 지역을 묘향산 지역으로 보고 있다. 그 전개 지역
을 한반도 안의 묘향산 지역으로 서술하고 있는 것은 한반도를
벗어날 수 없는 조선시대의 국토 현실과 관계가 있을 것이다. 단
군신화의 성격이나 역사성 등에 관해서는 앞에 소개한 『삼국유
사』 〈고조선〉조를 참조하기 바란다.

요점

단군신화는 근세 조선시대에도 그대로 전해지고 있었다.

고대 조선과 단군왕검의 등장을 확인한다

개관

고대에 조선은 고조선, 기자조선, 위만조선, 조선현(朝鮮縣 : 낙랑군에 속함) 등이 있었다. 이들의 가끔 조선이라고만 표기되어 그것이 어느 조선을 말하는지 분명하지 않은 경우가 있다. 그리고 고조선, 기자조선, 위만조선을 통칭하여 고조선이라 부르기도 한다. 그러나 그것은 옳지 않다. 이들은 성격이나 지리적 위치가 동일하지 않기 때문이다. 이러한 문제들은 사료를 통해 확인해야 한다.

고대의 조선과 단군왕검이 등장하는 가장 이른 시기의 한국문헌은 『삼국사기』, 『삼국유사』, 『제왕운기』 등인데, 모두가 고려 말(12~13세기)에 편찬된 것이다. 이 문헌들은 고대 조선시대로부터 매우 늦은 시기의 기록이기 때문에 사료로서의 가치를 낮게 평가받을 수밖에 없다. 따라서 이른 시기의 중국 기록과 고고학 자료로 이를 보완할 필요가 있다. 한국 문헌 기록을 먼저 소개한 다음 중국 기록을 소개하겠다.

1. 한국 문헌에 나타난 고대 조선과 단군

사료 1

『삼국사기』권17 「고구려본기」〈동천왕 21년〉조

봄 2월에 왕은 환도성이 난을 겪음으로써 다시 도읍을 하는 것이 불가능하므로 평양성을 쌓고 백성과 종묘사직을 그곳으로 옮겼다. 평양은 본래 선인 왕검(王儉)의 거주지이다. 혹은 왕의 도읍인 왕험(王險)이라고도 한다.

春二月, 王以丸都城經亂, 不可復都, 築平壤城, 移民及廟社. 平壤者本仙人王儉之宅也. 惑云王之都王險.

『삼국유사』〈고조선〉조에 평양이 고조선의 도읍 가운데 하나로 기록되어 있고 고조선의 건국자가 단군왕검으로 기록된 것으로 보아, 위 사료에 등장하는 선인 왕검은 단군왕검을 지칭한 것임이 틀림없다. 고구려 동천왕이 천도한 평양이 단군왕검이 도읍했던 곳으로 이해되는 것이다. 이곳을 왕의 도읍인 왕험이라고 하기도 했다는 것인데, 왕험은 『사기』 「조선열전」을 비롯한 여러 문헌에 위만조선의 도읍으로 기록되어 있다.

위의 평양이 오늘날 평양인지, 고조선의 도읍인 평양성과 위만조선의 도읍인 왕험성(王險城) 또는 왕검성(王儉城)이 동일한 곳인지 등은 사료를 통해 밝혀져야 할 것이다. 『삼국사기』 「고구려본기」 〈대무신왕〉조 기록에 따르면, 이 시기에 평양 지역에는 최리왕(崔理王)이 다스린 낙랑국이 자리하고 있었기 때문에 고구려가 다른 나라 영토인 오늘날 평양에 도읍했다는 것은 있을 수 없다.

고대어에서 평양은 고유명사가 아니었고 '대읍(大邑)' 또는 '장성(長城)'을 뜻하는 보통명사였다. 따라서 오늘날 평양이 아닌 다른 곳에도 평양이 있었다고 보아야 한다. 박지원의 『열하일기』 「도강록」에는 만주 여러 곳에 평양이라는 지명이 있었다고 기록되어 있다.

일부 학자들은 고조선과 위만조선은 같은 곳에 있었을 것으로 보고 도읍지도 동일한 곳이었을 것으로 인식하고 있다. 그러나 사료에 따르면, 고조선과 위만조선은 그 영토나 도읍이 동일하지 않았던 것으로 나타난다. 위만조선은 고조선의 서쪽에 위치하여 병존하고 있었다.

요점

『삼국사기』가 편찬된 고려시대에 고조선의 존재를 인정하고 있었다는 점에서 중요한 의미를 지니고 있다.

『삼국사기』 편찬자는 고구려 동천왕이 천도한 평양성은 지난날 고조선의 도읍이었고 위만조선의 도읍인 왕험이기도 했던 것으로 인식하고 있다. 동천왕이 천도한 평양과 고조선의 도읍이었던 평양, 그리고 위만조선의 왕험이 동일한 곳이었는지는 검토를 필요로 한다.

사료 2

『삼국사기』 권22 「고구려본기」 〈보장왕〉 하

(사관은) 논하여 말한다. 현도와 낙랑은 본래 조선의 땅으로서 기자가 봉해진 곳이다. 기자는 그 주민을 예의로써 교화하면서 농사짓고 누에 치고 길쌈하였으며, 8조의 금법을 설치하였다. 이로써 그 주민은 서로 도적질하지 않아 문호를 닫지 않았으며, 부인은 정신(貞信)하여 음란하지 않고, 마시고 먹는 데는 변두(邊豆)를 사용하니, 이는 인현(仁賢)의 교화이다.

論曰, 玄菟·樂浪本朝鮮之地, 箕子所封. 箕子教其民以禮義,
田蠶織作. 設禁八條, 是以, 其民不相盜, 無門戶之閉,
婦人貞信不淫, 飲食以邊豆, 此仁賢之化也.

고구려는 보장왕이 당나라에 항복하여 멸망한다. 『삼국사기』 「고구려본기」를 〈보장왕〉조까지 마무리 지은 『삼국사기』의 편찬자는 느낀 점을 논(論)이라는 항목으로 기술했다. 이 사료는 그 첫 부분이다. 이 내용에 따르면, 고려 사람들은 한사군의 현도군과 낙랑군이 설치된 지역은 본래 조선 땅이었고 그곳에 기자가 와서 정착했던 것으로 인식하고 있었음을 알 수 있다. 고려인들은 기자가 오기 전에 이미 조선이 존재하고 있었다고 믿었던 것이다. 그런데 현도군과 낙랑군이 조선 영토 전부를 차지하고 있었는지 일부를 차지하고 있었는지는 확인해야 할 문제이다.

위의 내용에는 기자가 8조의 금법을 설치했다고 했는데, 같은 내용이 '범금8조'라는 명칭으로 『후한서』 「동이열전」과 『삼국지』 「오환선비동이전」에서도 보이는데, 이들 기록에도 기자가 와서 제정한 것으로 되어 있다. 그런데 이들 문헌보다 앞선 문헌인 『한서』 「지리지」에는 '범금8조'는 기자가 제정한 것이 아니라 기자가 낙랑군 지역에 왔을 때 그 지역에서 이미 시행되고 있었다고 기록되어 있다. 이로 보아 '범금8조'는 기자가 오기 전부터 시행되어 온 조선 지역의 법이었던 것으로 생각한다. 기자는 서주 초(서기전 12~서기전 11세기 무렵)에 조선으로 이주하였으므로 그가 와서 정착한 조선은 그 연대로 보아 고조선이었다.

요점

고려 사람들은 기자가 망명하여 정착한 곳은 본래 조선의 땅이었고, 훗날 그 지역에 낙랑군과 현도군이 설치되었다고 믿고 있었다. 그 지역이 조선 땅 일부였는지 전부였는지, 그 지리적 위치는 어느 곳이었는지 등은 사료를 통해 밝혀야 할 과제이다.

사료 3

『삼국유사』 권1 「기이」 〈고조선〉조 – 왕검조선

『위서』에 이르기를, 지금으로부터 2,000년 전에 단군왕검이 있어 도읍을 아사달에 정해 나라를 세우고 이름을 조선이라 하였는데, 고[高 : 요(堯)]와 같은 시기였다고 하였다. 『고기』에 이르기를, … 이름을 단군왕검이라 하는데, 당고가 즉위한 지 50년 되는 경인년에 평양성에 도읍하고 비로소 조선이라 불렀다. 또 도읍을 백악산 아사달로 옮겼는데, 그곳을 또 궁홀산이라고도 부르고 금미달이라고도 한다. 나라를 다스린 지 1,500년 되는 해인 주(周) 호[虎 : 무(武)]왕 즉위 기묘년에 기자를 조선에 봉하니 단군은 장당경으로 옮겼다가, 뒤에 아사달로 돌아와 은거하다가 산신이 되었다. 수명이 1,908세였다.

『魏書』云, 乃往二千載有壇君王儉. 立都阿斯達, 開國號朝鮮, 與高(堯)同時. 『古記』云, … 號曰壇君王儉, 以唐高(堯)卽位五十年庚寅, 都平壤城, 始稱朝鮮. 又移都於白岳山阿斯達, 又名弓忽山, 又今彌達. 御國一千五百年, 周虎(武)王卽位己卯, 封箕子於朝鮮, 壇君乃移於藏唐京, 後還隱於阿斯達, 爲山神. 壽一千九百八歲.

이 사료는 『삼국유사』 〈고조선〉조 후반부 기록이다. 이른바 단군신화로 알려진 부분의 뒤를 이어 기록된 내용으로 고조선의 건국과 도읍에 관한 것이다. 역사 사실을 기록한 것이다. 건국 연대나 도읍 명칭 또는 그 이동 사유와 순서 등의 정확성에 대해서는 논의가 있을 수 있다. 하지만 그 내용 전체를 전혀 근거 없는 것으로 보아서는 안 된다. 왜냐하면 역사 사실에 대한 기록이기 때문이다.

단군이 산신이 되었다고 말한 점, 그 수명이 1,908세였다고 말한 점을 들어 역사 사실로 볼 수 없다는 주장이 혹시 있을 수 있다. 그러나 사람이 사망하면 하늘나라로 간다고 말하는 사람들이 있는 것처럼 단군의 영혼이 산신이 되었다고 말한 것은 고대인들의 종교사상에서 나온 표현으로 볼 수 있으며, 수명이 1,908세라는 것은 중국의 천자처럼 단군은 대대로 단군이었으므로 단군들이 통치하던 시대 전 기간을 의미한다고 보아야 할 것이다. 이 기록은 몇 가지 매우 중요한 정보를 제공하고 있다.

첫째, 고조선의 건국자는 단군왕검이고 건국 연대는 중국의 오제 가운데 한 사람인 요와 같은 시대였다는 것이다. 이런 내용은 다른 여러 문헌의 기록에서도 보인다. 고조선의 개시 연대를 서기 전 2333년으로 잡고 있는 것은 이러한 기록들에 근거하여 『동국통감』에 환산된 연대를 따른 것이다. 여기서 사용된 국(國)의 개념을 근대 역사학이 말하는 국가와 동일한 것으로 해석해서는 안 된다.

『삼국유사』가 쓰일 당시에는 그런 국가 개념이 존재하지 않았기 때문이다. 고대 동아시아에서 사용되었던 개념의 국 또는 정치 집단으로 인식하면 된다. 근대 역사학이 말하는 국가사회 수준일 수도 있고 그보다 앞선 시대의 사회 수준일 수도 있다. 따라서 고조선 초기는 청동기시대나 국가 단계의 사회가 아니므로 그 사회의 존재를 인정할 수 없다는 식의 논리는 매우 잘못된 것이다. 고조선을 청동기시대라고 말하거나 근대적 개념의 국가 단계 사회였다고 말한 사료는 어디에도 없다. 당시에는 그런 개념이 존재하지 않았기 때문이다.

고조선은 국가 이전 단계의 사회 수준일수도 있고 국가 단계의 사회 수준일 수도 있으며, 신석기시대일 수도 있고 청동기시대일 수도 있다. 그럼에도 고조선이 어느 단계의 사회 어느 단계의 문화였는지를 확인하고자 하는 것은 그 사회 수준과 문화 수준을 확인하여 한국사의 전개 과정을 체계화하기 위한 것이지, 고조선의 존재 유무를 결정짓기 위한 것이 아니다. 그 사회 수준과 문화 수준이 어느 단계이든 관계없이 고조선의 성립 연대는 사료로서 가치를 지닌다.

둘째, 고조선은 네 번 도읍을 옮겼다는 사실이다. 도읍명은 아사달, 평양성, 백악산 아사달, 장당경, 아사달 등이었다고 말하고 있다. 이곳들이 오늘날 어느 곳이었는지는 고증을 거쳐야 한다. 그런데 이렇게 여러 곳으로 도읍을 옮겼다면 그 영토가 상당히 넓었을 것으로 추정된다.

셋째, 서주 초 무왕 때 기자가 망명해 오자(원문에는 봉했다고 표현) 단군은 도읍을 장당경으로 옮겼다가 다시 아사달로 돌아왔다고 했다. 그러므로 기자가 조선으로 망명한 뒤에도 고조선은 상당히 오래 존속했음을 알 수 있다. 그 지역은 기자국의 동쪽이었을 것이다. 기자는 서쪽에서 이동해 왔기 때문이다. 그리고 마지막에 아사달로 돌아왔다고 했으니, 아사달은 이전에도 도읍이 된 적이 있는 곳이었음을 알 수 있다. 『위서』가 고조선의 첫 번째 도읍으로 말한 아사달은 그 명칭의 동일성으로 보아 『고기』가 말한 마지막 도읍인 아사달과 같은 곳이었을 가능성이 있다.

요점

고조선은 단군왕검이 건국하였으므로 고조선이라 부를 수도 있고 왕검조선이라 부를 수도 있다. 그 시기는 중국의 요와 같다. 서기전 2333년 무렵이다. 고조선은 도읍을 아사달에서 평양성, 백악산 아사달, 장당경, 아사달 등으로 옮겼다. 첫 번째 도읍지와 마지막 도읍지는 아사달로서 동일한 곳이었을 가능성이 있다.

이 내용은 고조선의 역사적 사실을 말한 것이므로 단군신화와는 구별해야 할 것이다.

사료 4
『제왕운기』 권 하 「지리기」

요동에 별도의 세계가 하나 있으니 중국의 왕조와 확연히 구분된다. 큰 파도 한없이 넓은 바다가 삼면을 둘러쌌고 북쪽은 대륙이 있어 선처럼 이어졌는데, 그 가운데 사방 1,000리가 바로 조선이다. 강산의 형태가 빼어남은 그 이름이 하늘에 이르렀다. 농토를 경작하고 우물을 파며 예의를 실천하는 집들, 중국인들이 이름 짓기를 소중화라 하였다.

遼東別有一乾坤, 斗與中朝區以分, 洪濤萬頃圍三面, 於北有陸連如線,
中方千里是朝鮮, 江山形勝名敷天, 耕田鑿井禮義家, 華人題作小
中華.

『제왕운기』는 고려 말에 『삼국유사』보다 다소 늦게 저술되었다. 현존하는 문헌 가운데 『삼국유사』와 더불어 고조선에 관해 소략하지만 비교적 체계적인 기록을 싣고 있다. 조선은 요동 지역에 있었다고 말하고 있다. 고대의 요동은 오늘날의 요동과 그 위치가 달랐다. 오늘날 난하 유역이었다. 이 점은 뒤에서 밝혀질 것이다.

"그 가운데 사방 1,000리가 조선"이라고 했는데, 여기서 말하는 조선이 고조선 전체를 가리키는지, 고조선 영역 안의 단군 직할지만을 가리키는지, 그 면적은 어느 정도인지 등은 밝혀야 할 문제이다. 그런데 고조선의 위치와 영역을 한반도로 국한하지 않고 요동으로 말하고 있다는 점은 매우 중요한 시사를 하고 있다.

요점

조선의 영역은 요동 지역을 포괄하고 있었다. 고대의 요동은 오늘날 난하 유역이었다. 따라서 오늘날 요서 지역은 조선의 영토에 포함되어 있었다고 보아야 할 것이다. 이 점은 사료에 의해 보완될 것이다.

사료 5

『제왕운기』 권 하 「전조선기」

처음에 누가 나라를 열고 바람과 구름을 인도하였던가. 석제의 후손으로 그 이름은 단군이었다. 제고[帝高 : 요(堯)]가 일어난 시기와 같은 해 무진년에 나라 세워 제순시대를 거쳐 하나라 시대를 지나기까지 왕위에 있었다. 은나라 무정 8년 을미년에 아사달산에 들어가 신이 되었다. 나라를 다스리기 1,028년인데, 어쩔 수 없이 변화하여 환인에 전해졌으나 도리어 164년이 지난 뒤에 어진 사람이 나타나 겨우 군주와 신하를 부활시켰다.

초 수 개 국 계 풍 운　석 제 지 손 명 단 군　병 여 제 고　(요) 흥 무 진　경 우 력
初誰開國啓風雲, 釋帝之孫名檀君. 竝與帝高(堯)興戊辰, 經虞歷
하 거 중 신　어 은 제 호 (무) 정 팔 을 미　입 아 사 달 산 위 신　향 국 일 천 이 십 팔
夏居中宸, 於殷帝虎(武)丁八乙未, 入阿斯達山爲神. 享國一千二十八,
무 나 변 화 전 환 인　각 후 일 백 육 십 사　인 인 료 복 개 군 신
無奈變化傳桓因, 却後一百六十四, 仁人聊復開君臣.

　　한민족의 나라를 처음으로 세운 사람은 단군(檀君)이었는데 그는 석제의 후손이라는 것이다. 『삼국유사』〈고조선〉조에서는 단군(檀君) 왕검이라 했는데, 여기서는 단군(檀君)이라고 하였다. 『제왕운기』는 단군은 중국의 오제 가운데 한 사람인 요가 즉위한 무진년에 나라를 세워 순의 시대와 하나라를 거치는 동안 왕위에 있다가 상나라 무정 8년에 아사달산에 들어가 산신이 되었는데, 나라를 다스린 기간이 1,028년이었다는 것이다. 앞에서 소개한 『제왕

운기』「전조선기」의 주석에는 1,038년이라 하였다. 어느 것이 저자의 뜻인지 확인하기 어렵다. 그리고 그 뒤 164년이 지나 어진 인물이 나타나 나라를 부활시켰다는 것이다. 나라를 부활시킨 어진 인물을 기자라 말하면서 이 나라를 후조선이라 부르고 있다. 『제왕운기』에 따르면 고조선은 기자가 망명 오기 전에 이미 망했고, 164년 뒤 기자는 고조선이 있었던 곳에서 후조선을 세웠다는 것이다.

이 내용은 『삼국유사』〈고조선〉조와는 큰 차이가 있다. 이 기록에는 단군은 상나라 무정 8년에 아사달산에 들어가 신이 되었으며 단군이 나라를 다스린 기간이 1,028년 동안이었다고 했는데, 『삼국유사』〈고조선〉조에는 단군이 나라를 다스린 지 1,500년 되는 주 무왕 시대에 기자가 망명해 오자 단군은 도읍을 장당경과 아사달로 두 번 옮긴 뒤 아사달산에 들어가 신이 되었으며 단군이 나라를 다스린 기간은 1,908년 동안이라고 했다. 고조선은 기자가 망명해 온 뒤에도 400여 년 동안 존속했다고 말하고 있는 것이다. 『삼국유사』의 기록을 따르면 기자는 고조선의 서부에 망명해와 있었다는 것이 된다.

요점

한민족의 첫 번째 국가인 조선을 건국한 사람은 단군이라 말하면서 고조선은 1,028년 동안 존속했고, 고조선이 망하고 164년이 지난 뒤 기자가 그곳에 와서 후조선을 세웠다고 말하고 있다. 이 점은 『삼국유사』의 기록과 매우 다른 것으로 고대사 체계의 차이를 보여주는 것이다. 어느 쪽이 옳은지는 사료를 통해 밝혀야 할 것이다.

사료 6
『고려사』 권12 「지리지」 〈서경유수관평양부〉조

서경 유수관 평양부는 본래 세 조선의 옛 도읍인데, 당요 무진년에 신인이 단목 아래로 내려오니 나라 사람들이 그를 세워 군주로 삼아 평양에 도읍하고 단군이라 부르니, 이것이 전조선이다. 주나라 무왕이 상나라를 정복하고 기자를 조선에 봉하니, 이것이 후조선이다. 41대 후손 준에 이르러 이때 연 지역에서 망명한 위만이란 사람이 있어 1,000여 명을 모아 무리를 만들어 쳐들어와서 준의 땅을 빼앗고 왕검성에 도읍하니, 이것이 위만조선이다. 그 손자 우거가 황제의 명령을 받들지 않으니 한나라 무제는 원봉 2년에 장수를 보내어 그를 토벌하고 평정하여 4개의 군을 만드니, 이로써 왕험은 낙랑군이 되었다.

西京留守官平壤府本三朝鮮舊都, 唐堯戊辰歲, 神人降于檀木之下,
國人立爲君都平壤號檀君, 是爲前朝鮮. 周武王克商封箕子於朝鮮,
是爲後朝鮮. 逮四十一代孫準, 時有燕人衛滿亡命, 聚黨千餘人來
奪準地, 都于王險城, 是爲衛滿朝鮮, 其孫右渠不肯奉詔, 漢武帝
元封二年遣將討之, 定爲四郡, 以王險爲樂浪郡.

『고려사』는 근세조선 초에 편찬되었지만 고려시대의 자료를 기본으로 이용했다. 그러므로 고려시대의 상황을 반영했을 것이다. 이 기록은 고조선을 전조선, 기자조선을 후조선이라 부르고 여기에 위만조선을 더하여 '삼조선'이라 부르고 있다. 이들은 모두 고려시대의 서경, 오늘날 평양에 도읍했다고 기술하고 있다.

고조선(전조선), 기자조선(후조선), 위만조선을 합하여 고조선이라 부르는 이른바 '삼조선설'이 등장한 것이다. 삼조선설은 이들이 수직적인 계승 관계에 있다고 보는 것으로서 『삼국유사』〈고조선〉조 기록과는 다르고 『제왕운기』의 기록과 일치하는 것이다. '삼조선설'은 이후 한국사학계의 통설로 자리를 잡았다. 현재의 고대사 체계에는 기자라는 이름이 삭제되고 사료에 그 후손으로 기록된 준왕이 그 자리를 대신하고 있다. '삼조선설'이 정확한지 『삼국유사』〈고조선〉조의 체계가 정확한지 그 여부는 사료에 따른 검증이 필요하다.

요점

고조선(전조선), 기자조선(후조선), 위만조선을 '삼조선'이라 부르고 이들을 모두 고조선에 포함시키고 있다. 그리고 이들과 한사군은 같은 지역에 있었다고 말하고 있다. 이들을 '삼조선'으로 보는 견해는 현재 통용되는 고대사 체계와 기본적으로 같은 것이다. 현행 체계에는 기자가 삭제되고 그 후손인 준왕이 그 자리를 대신하고 있다.

2. 중국 문헌에 등장한 고대 조선

사료 7

『사기』 권38 「송미자세가」

이때에 무왕은 기자를 조선에 봉했으나 신하는 아니었다.

_{어 시 무 왕 내 봉 기 자 어 조 선 이 불 신 야}
於時武王乃封箕子於朝鮮而不臣也.

주나라 무왕은 상나라를 멸망시킨 뒤 상벌을 논하고 제후국을 정했는데, 이때에 기자를 조선에 봉했다는 것이다. 그러나 기자는 무왕의 신하는 아니라고 했다. 주나라의 건국은 서기전 12, 11세기 무렵이므로 이 시기에 이미 조선이 존재했음을 알 수 있다. 이 조선은 그 연대로 보아 고조선이다. 다음에 소개할 『상서대전』은 기자의 망명에 대해 좀 더 자세한 정보를 제공한다.

요점

서주 무왕이 기자를 조선에 봉한 연대는 서주 초로서 서기전 12, 11 세기 무렵이므로 기자는 고조선 후기에 조선에 온 것이 된다.

사료 8

『상서대전』 권2 「은전」 〈홍범〉

무왕은 은(상)나라에 승리하고 공자 녹보로 하여금 은을 계승하도록 하고 갇혀 있는 기자를 풀어주었는데, 기자는 주나라에 의해 석방된 것을 참을 수가 없어서 조선으로 도주하였다. 무왕은 그 소식을 듣고서 그를 조선에 봉하였다. 기자는 이미 주나라로부터 봉함을 받았으므로 신하로서의 예가 없을 수 없어서 무왕 13년에 인사를 왔는데, 무왕은 그가 인사 온 기회에 홍범에 대해 물었다.

武王勝殷, 繼公子祿父, 釋箕子之囚, 箕子不忍爲周之釋, 走之朝鮮.
武王聞之, 因以朝鮮封之. 箕子旣受周之封, 不得無臣禮, 故於十三
祀來朝, 武王因其朝而問洪範.

주의 무왕[무왕의 이름은 발(發)이다]은 상나라의 주왕과 전쟁에서 승리한 뒤 감옥에 갇혀 있던 기자를 풀어주었다. 그러나 상 왕실의 후예로서 기국에 봉해진 제후였던 기자는 주 무왕에 의해 석방된 것을 기뻐하기보다는 오히려 조국이 망하고 자신이 주족에 의해 구출된 것을 부끄럽게 생각하고 조선으로 도주했다. 주 무왕은 기자가 조선으로 도주했다는 소식을 듣고 그를 조선에 봉했다. 그리고 주 무왕으로부터 봉함을 받은 기자는 신하로서의 예를 행하지 않을 수 없어서 무왕 13년 되던 해에 인사차 주 왕실을 방문했으며, 이 기회에 무왕은 기자에게 정치의 대요인 홍범에 대해 물었다는 것이다.

앞에 소개한 『사기』 「주본기」에 "무왕은 기자를 조선에 봉했으나 신하는 아니었다."고 한 기록은 이런 사정을 말하고 있다. 기자는 주 무왕의 봉함을 받아 조선으로 간 것이 아니라, 스스로의 결단으로 주족의 정권을 피해 조선으로 망명한 것이다. 그 소식을 들은 주 무왕은 당연히 기자를 괘씸하게 생각해야 하겠지만, 그의 명망을 생각해서 조선에서 살도록 허용했다는 것이다. 주 무왕이 기자를 조선에 봉했다는 것은 지극히 형식적인 표현에 지나지 않는다.

요점

기자는 주 무왕의 봉함을 받아 조선으로 간 것이 아니라, 자신의 조국이 망한 것을 가슴 아프게 생각하고 주나라의 지배를 피해 조선으로 도주했다. 『사기』에 주 무왕이 "기자를 조선에 봉했다."고 하면서도 "그러나 신하는 아니었다."고 기록한 것은 이러한 상황을 말한 것이다.

사료 9
『관자』 권23 「규도」

환공이 관자에게 묻기를, 내가 듣건대 해내에 귀중한 예물 일곱 가지가 있다는데 그것에 대해서 들을 수 있겠소? 관자가 대답하기를, 음산의 연민이 그 한 가지요, 연의 자산 백금이 그 한 가지요, 발과 조선의 표범 가죽이 그 한 가지요 ….

桓公問管子曰 : 吾聞海內玉幣有七筴, 可得而聞乎管子對曰 : 陰山
之礝碈一筴也. 燕之紫山白金一筴也. 發朝鮮之文皮一筴也. ….

환공은 제나라에 봉해졌던 주나라 제후로서 춘추시대 초기의 패자였다. 관중은 그가 패자의 지위에 오를 수 있도록 보필했던 재상으로, 위의 내용은 이들이 나눈 대화이다. 관중은 그의 친구 포숙아와의 우정을 전하는 이른바 '관포지교'의 주인공이기도 하다. 환공이 관중에게 일곱 가지 귀중한 예물을 묻자, 관중은 그것에 대한 대답을 하면서, 조선의 표범 가죽을 그 가운데 하나로 들었다. 환공은 서기전 685년부터 서기전 643년까지 살았던 인물이므로 서기전 7세기 전반기에 중국인들은 그 특산물에 대해 알고 있을 정도로 이미 조선에 대해 깊은 지식을 가지고 있었다는 것을 알 수 있다.

그런데 위 사료에는 해결해야 할 과제가 하나 있다. 그것은 발(發)과 조선이다. 발과 조선을 하나의 명칭으로 보아 발조선(發朝鮮)으로 읽어야 할 것인지, 발과 조선을 나누어 각각 독립된 명칭으로 읽어야 할 것인지가 해결해야 할 과제이다. 학계에는 2가지 견해가 제출되어 있다. 나는 발과 조선을 나누어 보고 있는데, 그 이유는 『일주서』에 성주대회에 참석한 인물 가운데 발인(發人)이 보이므로 발이 독립된 명칭일 가능성이 있다고 생각하기 때문이다.

요점

고조선은 서기전 7세기 이전에 이미 존재하고 있었다. 이 사료에 근거하여 고조선 존재의 상한을 서기전 7세기로 보는 견해가 있으나, 그것은 옳지 않다. 이 시기에 이미 중국인들은 고조선에 대해 깊은 지식을 가지고 있었으므로, 고조손은 그 이전부터 존재하고 있었다고 보아야 할 것이다.

사료 10
『관자』 권24 「경중갑」

환공(桓公)은 말하기를, "사이(四夷)가 복종하지 않은 것은 아마도 잘못된 정치가 천하에 퍼져서 그런 것이 아닌지 나로 하여금 걱정하게 하는데, 내가 이를 위해서 행할 방법이 있겠소." 관자가 말하기를, "오(嗚)와 월(越)이 내조(來朝)하지 않은 것은 진주와 상아의 폐물 때문이라 생각되며, 발과 조선이 내조하지 않은 것은 표범 가죽과 모직 옷을 폐물로 요청하기 때문이라 생각됩니다. … 한 장의 표범 가죽이라도 충분한 가격으로 계산해준다면 8,000리 떨어진 발과 조선도 내조할 것입니다."

환공왈　사이불복　공기역정유어천하　이상과인　과인지행위차
桓公曰, 四夷不服, 恐其逆政游於天下, 而傷寡人. 寡人之行爲此

有道乎. 管子對曰, 吳・越不朝, 珠象而以爲幣乎. 發・朝鮮不朝,
請文皮毤服而以爲幣乎. … 一豹之皮容金而金也, 然後八千里之
發・朝鮮可得而朝也.

서기전 7세기 춘추시대에 중국과 고조선은 이미 특산물을 폐물
로 교환할 정도의 교류가 있었다. 관자의 설명을 따르면 사신이
폐물로 가져간 특산물에 대해 비싼 값을 쳐주었으므로, 사신의 왕
래에 따라가는 폐백은 일종의 관무역품의 성격을 띠고 있었을 것
이다.

관자가 발과 조선을 8,000리 떨어진 곳이라고 말한 것으로 보
아 그가 조선을 상당히 멀리 떨어진 곳에 있는 것으로 인식하고
있었음을 알 수 있다. 8,000리라는 거리의 기점이 당시 제나라의
도읍인 임치인지 주나라의 도읍인 낙읍인지는 분명하지 않다. 환
공은 제후이면서 동시에 패자로서 주 왕실의 실권을 장악하고 있
었기 때문에 그가 주나라의 당시 도읍인 낙읍을 중심으로 말했을
가능성이 있다.

요점
———
서기전 7세기에 이미 고조선은 중국과의 교역국으로 등장해 있었다.
고대에 사신이 가지고 간 폐물들은 무역품의 성격을 지니고 있었다.
일종의 관무역인 것이다. 춘추시대에 중국인들은 고조선이 그들의 중
심부로부터 멀리 떨어진 곳에 있는 것으로 인식하고 있었다.

사료 11

『산해경』 권18 「해내경」

동해의 안쪽, 북해의 모퉁이에 나라가 있으니 이름은 조선이다.

^{동 해 지 내} ^{북 해 지 우} ^{유 국} ^{명 왈 조 선}
東海之內, 北海之隅, 有國, 名曰朝鮮.

『산해경』은 저자 미상인 중국 고대의 지리서로서 전국시대에 씌어져 서한시대에 첨삭된 것으로 여겨진다. 중국의 동쪽 바다 안쪽, 북쪽 바다의 모퉁이라면 오늘날 발해와 접한 어느 곳을 말한 것으로 생각된다. 중국의 산동성, 하북성, 요령성과 한반도 일대가 여기에 해당한다. 표현이 막연하여 그 구체적 위치와 영역을 말하기는 곤란하지만, 『산해경』은 고대에 발해와 접한 지역에 조선이라는 나라가 있었다고 말하고 있는 것이다.

요점

전국시대(서기전 403~서기전 222년)의 중국인들도 발해와 접한 지역에 조선이라는 나라가 있었다고 알고 있었다.

『산해경』 권12 「해내북경」

조선은 열양 동쪽에 있는데, 바다의 북쪽이고 산의 남쪽이다. 열양은
연(燕)에 속한다.

<ruby>朝<rt>조</rt></ruby><ruby>鮮<rt>선</rt></ruby><ruby>在<rt>재</rt></ruby><ruby>列<rt>열</rt></ruby><ruby>陽<rt>양</rt></ruby><ruby>東<rt>동</rt></ruby>, <ruby>海<rt>해</rt></ruby><ruby>北<rt>북</rt></ruby><ruby>山<rt>산</rt></ruby><ruby>南<rt>남</rt></ruby>, <ruby>列<rt>열</rt></ruby><ruby>陽<rt>양</rt></ruby><ruby>屬<rt>속</rt></ruby><ruby>燕<rt>연</rt></ruby>.

朝鮮在列陽東, 海北山南, 列陽屬燕.

    조선은 열양 동쪽에 있는데 열양은 연나라에 속한다고 했으니,
결국 조선은 연나라의 동쪽에 있었다는 것이 된다. 조선이 연나라
와 국경을 접하고 있었음을 알 수 있다. 그리고 바다 북쪽, 산의
남쪽에 있다고 했는데, 산의 명칭이 기록되어 있지 않아 어느 산
을 말하는지 구체적으로는 알 수 없다. 하지만 그 범위는 만주와
한반도 전 지역이거나 그 가운데 일부를 말한 것으로 추정된다.
『관자』는 춘추시대의 대화 내용을 실은 것이고 『산해경』은 전국시
대에 씌어졌으므로, 그 시대 차이가 크지 않다. 따라서 두 문헌에
등장한 조선은 동일한 나라일 것이다.

    고대 중국 문헌에는 난하 하류 유역을 조선으로 언급한 기록이
많으며, 이곳을 기자의 망명지로 기록해 놓고 있다. 뒤에 밝히겠
지만 이곳은 고조선의 서부 변경이었다. 고대의 중국인들은 그들
나라와 국경을 접한 고조선의 서부 변경에 대해서는 구체적인 지
식을 가지고 있었다. 하지만 그들과 멀리 떨어진 고조선의 동부

지역에 대해서는 깊은 지식을 가지고 있지 못했다. 그러므로 고대 중국 문헌에서 고조선의 동부 지역에 대한 언급은 찾기 힘들다.

요점

조선은 연나라의 동쪽에 있었다. 그 북쪽에는 산이 있고 남쪽에는 바다가 있었다. 조선은 서주 초 기자의 망명지로 등장하여 춘추시대와 전국시대에 걸쳐 계속해서 중국 문헌에 기록되어 있다.

고조선의 서쪽 국경은 난하와 갈석산이다

개관

고조선의 서쪽 국경은 중국의 고대 문헌 속에서 비교적 구체적으로 확인된다. 그곳은 중국의 동쪽 국경이 되므로 기록에 남아 있는 것이다. 중국인들이 고조선에 관한 기록을 남긴 것은 한민족의 역사를 전하기 위한 것이 아니라, 그들의 역사를 기록하는 과정에서 관계가 있는 사항을 기록에 남긴 것이다. 앞에서 보았듯이 숙신 사신의 중국 방문 기록에서 활, 화살, 활촉 등이 소개된 것이라든가, 환공과 관중이 인근 여러 나라 사신이 가져온 폐백에 대해 대화를 나누는 과정에서 조선의 특산물인 표범 가죽 등이 등장하는 것 등은 그 예이다.

중국의 고대 문헌에, 고조선은 중국과 국경을 접하고 있었다고 기록되어 있으므로, 중국의 동쪽 국경을 확인하면 그곳은 바로 고조선의 서쪽 국경이 된다. 중국은 진 시황제에 의해 통일되었는데, 전국시대에 가장 동쪽에 있었던 연나라를 병합했으므로, 당시의 북동쪽 국경은 그 이전 어느 때보다 가장 동쪽에 있었을 것이다. 그러므로 진제국의 북동쪽 국경에 대한 기록을 찾으면, 고조선의 서쪽 국경을 확인하는 것이 가능할 것이다. 이를 충족시켜주는 기록이 『사기』「진시황본기」에 보인다. 이를 먼저 소개하고 다른 기록들을 보완자료로 이용하겠다.

사료에 따르면 고조선과 진제국은 국경을 접하고 있었는데, 그곳은 요동이었다. 그러므로 두 나라 사이에는 다른 종족이나 민족 또는 다른 나라가 존재할 수 없다. 고조선과 중국 사이에 동호(東胡)나 다른 민족 또는 종족이 거주했을 것으로 보는 학자들이 있는데, 사료는 그럴 수 없음을 말해준다.

당시의 요동은 어디였을까. 지난날 대부분의 학자들은 고대의 요동을 오늘날 요동과 동일한 곳으로 생각했다. 그렇게 되면 고조선과 진제국의 국경은 오늘날 요하나 압록강이었을 가능성이 있게 된다. 고조선과 중국의 국경을 요하나 압록강 또는 청천강으로 보는 견해는 고대의 요동과 오늘날 요동을 동일한 곳으로 보는 것에 바탕을 두고 있다.

이 같은 관점은 사료를 너무 쉽고 편하게 해석한 결과이다. 사료는 꼼꼼하게 분석해야 한다. 그리고 땅 이름이나 강 이름 또는 산 이름이 등장할 때는 그것이 어느 곳에 있었는지를 사료를 통해서 고증해야 한다. 요동의 경우에도 고대의 요동과 오늘날 요동

을 동일한 곳으로 단정할 것이 아니라, 그 위치에 변화가 없었는
지를 사료에서 확인해야 한다.

사료 1
『사기』 권6 「진시황본기」 〈진시황 26년〉조

천하를 나누어 36개의 군으로 만들고, 군에는 수(守), 위(尉), 감(監)을
설치하였다. 백성을 부르는 호칭을 민(民)에서 '검수(黔首)'라 고치고
크게 잔치를 베풀었다. 천하의 병기를 거두어 그것들을 함양에 모아,
녹여서 종거(鍾鐻)와 동인상(銅人像) 12개를 만들었는데 무게가 각각
1,000석이었다. (그것들을) 궁중의 뜰에 배치하였다. 도량형기의 기
준을 통일하고 수레바퀴 폭을 동일하게 하였으며 문자체를 통일하
였다. 땅(영토)은 동쪽은 바다에 이르고 조선에 미쳤으며, 서쪽은 임
조와 강중에 이르고, 남쪽은 북향호에 이르렀고, 북쪽은 황하에 의거
하여 요새를 만들고 음산을 따라 요동에 이르렀다.

分天下以爲三十六郡, 郡置守·尉·監. 更名民曰'黔首'. 大酺. 收天
下兵, 聚之咸陽, 銷以爲鍾鐻, 金人十二, 重各千石, 置廷宮中. 一法
度衡石丈尺. 車同軌. 書同文字. 地東至海暨朝鮮, 西至臨洮·羌中,
南志北響戶, 北據河爲塞竝陰山至遼東.

이 사료는 사마천의 『사기』「진시황본기」〈진시황 26년〉조의 일부이다. 진시황제 26년은 진나라가 한(韓), 위(魏), 조(趙), 연(燕), 제(濟), 초(楚) 등 여섯 나라를 멸망시켜 중국을 통일한 해로서 서기전 221년이다. 위의 내용에서 진제국과 조선의 국경이 확인된다.

진시황제는 중국을 통일하고 전국에 군과 현이라는 행정구역을 설치하여 중앙집권체제의 국가를 만들었다. 이것을 군현제라 한다. 오늘날 우리나라 행정구역과 견주면 군은 도에 해당하고 현은 군에 해당한다. 군현제 이전에 있었던 중국 고대의 통치체제는 봉건제 또는 분봉제라 불리는 것으로서, 각 지역에 제후국을 두고 제후에게 위임하여 그 지역을 다스리도록 하는 지방분권체제였다.

진시황제는 군현제를 실시하여 황제가 전국의 군현에 직접 관리를 파견하여 통치함으로써 황제의 권한을 절대화했다. 군에는 군수, 군위, 군감을 두었다. 군수는 행정책임자이고, 군위는 치안책임자였으며, 군감은 감찰의 임무를 맡았다.

진시황제는 진제국의 권위를 높이고 새로운 질서를 세우기 위해 여러 칭호를 고쳤다. 예컨대 이전에 최고 통치자로 불린 왕을 황제로 바꾸고 이전에 민이라 불린 백성을 검수로 고친 것은 그러한 작업의 하나였다. 또한 그는 통일제국의 출현을 축하하기 위해 전국적인 큰 잔치를 베풀었다.

그리고 천하 각지의 병기를 모아 그것을 모두 녹여 종거라는 악기와 동인상을 만들었는데, 이는 지방에 무력을 가진 세력이 형성되는 것을 막기 위한 것이었다. 진시황제가 통일하기 전 중국은 전국시대로서 진나라를 비롯하여 한, 위, 조, 연, 제, 초 등 일곱 나라가 할거하고 있었다. 비록 이들 나라가 진나라에 멸망되어 통일제국이 출현했다고는 하지만, 각 지역에는 그 잔존세력과 무기들이 남아 있어서 기회만 주어지면 진제국의 황실에 대항하는 세력이 될 위험이 있었다. 이를 사전에 막기 위해 진시황제는 전국 각지의 무기를 거두어 녹여 없앴던 것이다.

진시황제는 단순히 중국의 영토 통일에 그친 것이 아니라, 여러 면에서 통일정책을 추구했다. 길이, 무게, 부피 등을 측정하는 도량형기 기준의 통일, 수레바퀴 폭의 통일, 문자의 통일 등도 그러한 정책 가운데 일부이다. 진시황제가 통일하기 전 중국은 여러 개의 나라로 나뉘어 있어서 지역에 따라 도량형기의 기준이 달랐다. 국가에서 세금을 받는 데는 물론 각 지역 간의 교역에도 불편이 많았다. 이러한 불편을 없애기 위해 진시황제는 도량형기를 통일했다. 그는 치도(馳道 : 고속도로), 직도(直道), 신도(新道) 등을 건설하는 도로 공사를 전국적으로 크게 벌였고 이에 맞게 수레의 바퀴 폭을 일정하게 규정했다.

중국의 문자는 원래 상나라의 갑골문에서 발전한 것이다. 그런데 여러 나라로 분립되어 있던 춘추전국시대를 거치면서 지역에 따라 문자의 형태가 달라지기도 하고 새로운 문자가 만들어지기도 했다. 여기서 오는 불편을 없애기 위해 진시황제는 문자체를 통일했다. 이때 통일된 문자체를 소전(小篆)이라 한다. 진시황제가 순행할 때 남겨놓은 각석(刻石)에 이 문자체가 지금까지 남아 있다.

진시황제를 포악한 군주로 혹평하는 근거로 제시되는 '분서갱유' 사건도 통일정책의 일환이었다. 사상의 통일을 위해 진시황제는 자신이 통치철학으로 채택한 법가 서적과 농사와 의약 등 백성들의 기본생활과 관계된 서적을 제외한 천하의 모든 서적을 거두어 불태우고 진제국의 정치를 비판하는 유가 460여 명을 구덩이에 생매장시켰다. 이 사건이 '분서갱유'이다. 이것은 천하의 사상을 법가로 통일하기 위한 것이었다. 이 사건은 훗날 유가들이 진시황제를 폭군으로 혹평하는 근거가 되었다.

이 시기 진제국의 영토가 동쪽으로는 바다에 이르고 조선에 미쳤다고 했으니, 진제국은 고조선과 국경을 접하고 있었음을 알 수 있다. 이 시기는 서기전 221년이므로 위만조선이 들어서기 전이다. 뒤에서 확인하겠지만, 사료에 따르면 이 시기에는 기자국(기자조선)이 고조선의 서부 변경에 자리하고 있었다. 그런데 기자는 그곳에 망명하여 고조선의 거수(중국식으로는 제후)가 되었으므로 기자국은 고조선의 일부였던 것이다. 따라서 진제국과 국경을 접한 것은 기자국이었겠지만 그것은 바로 고조선의 국경이었던 것이다.

위 사료에서 말한 동쪽의 바다는 오늘날 발해와 황해, 동중국해를 가리킴을 알 수 있다. 서쪽은 임조와 강중에, 남쪽은 북향호에 이르렀다고 했는데, 임조와 강중은 오늘날 감숙성 서남부 조수 유역이고 북향호는 중국의 남부 오령산맥 이남 지역을 뜻한다. 북쪽은 황하에 의거하여 요새를 만들고 음산을 따라 요동에 이르렀다고 했는데, 여기 등장하는 북쪽의 황하는 황하 물줄기 가운데 가장 북쪽에 위치한 오르도스[Ordos : 하투(河套)] 지역을 가리킨다.

음산은 오르도스 지역에서 동쪽으로 뻗어 내린 내몽골 중부에 자리한 산맥으로 오늘날에도 음산이라 불린다. 이 산맥을 따라 요

동에 이르렀다고 했으니, 요동은 진제국의 동북에 자리하여 고조
선과 국경을 이룬 지역이었음을 알 수 있다. 당시의 요동 위치가
확인되면 진제국과 고조선의 국경 위치를 알 수 있다.

우리가 확인할 요동은 『사기』「진시황본기」에 등장하는 요동이
어야 한다. 그러므로 『사기』의 기록에서 그 위치를 확인하는 것이
바람직하다. 다른 책에 나오는 요동은 『사기』에서 말한 요동과 같
은 곳이 아닐 수도 있기 때문이다. 다행히 『사기』「진시황본기」에
서 요동의 위치를 확인할 수 있다. 진시황제의 뒤를 이은 2세 황
제(二世皇帝)와 관계된 기록에서 당시의 요동 위치가 확인된다.

요점

위 사료는 고조선의 서쪽 국경에 대해 말하고 있다. 여기서 2가지 사
실이 확인된다. 하나는 고조선과 진제국은 국경을 접하고 있었다는
것이고, 다른 하나는 국경을 접한 곳은 요동이었다는 사실이다.

사료 2

『사기』 권6 「진시황본기」 〈2세 황제 원년〉조

진 2세 황제가 조고와 상의하면서 말하기를, "짐의 나이가 어리고 즉
위 초이기 때문에 백성들이 미처 따르지 않습니다. 선제(先帝 : 진시황
제)께서는 군현을 순행함으로써 강함을 보여주어 해내의 사람들을
위엄으로 복종하도록 하였습니다. (그런데 지금 짐은) 한가롭게 지

내면서 순행을 하지 않으니, 약하게 보여 천하의 백성들을 따르게 할 수가 없을 것이오." 봄에 2세 황제가 동쪽의 군현을 순행하니 이사가 수행하였다. 갈석산에 이른 다음 바다를 끼고 남쪽으로 회계산에 이르렀으며 시황제가 세운 비석에 모두 글자를 새겨 넣었는데, 비석의 옆면에 대신으로서 수행한 사람들의 이름을 새겨 넣음으로써 선제(시황제)가 이룬 공과 쌓은 덕을 밝혔다.

(함양에 돌아온 후) 2세 황제는 말하기를, "청동과 비석에 새겨진 내용들은 모두 시황제께서 이룬 업적이오. 지금 황제라는 칭호를 그대로 이어받고 있으니 청동과 비석에 새긴 내용에 '시황제'라는 칭호를 사용하지 않는다면 오랜 세월이 흐른 후에는 그것들을 후대의 황제가 한 것으로 잘못 인식되어 시황제가 이룬 공과 쌓은 덕으로 칭송되지 않게 될 것이오." 라고 하니, 승상 이사, 풍거질, 어사대부 덕 등이 황공한 마음으로 아뢰기를, "신 등은 황제의 조서 내용을 모두 자세하게 비석에 새겨 넣어 그 연유를 명백하게 밝히고자 합니다. 신 등은 황공한 마음으로 주청을 드립니다"고 하였다. 이에 2세 황제는 "그렇게 하시오."라고 제가하였다. (신하들은) 마침내 요동에 이르렀다가 돌아왔다.

二世皇帝與趙高謀曰: "朕年少, 初卽位, 黔首未集附. 先帝巡幸郡縣, 以示彊, 威服海內. 今晏然不巡幸, 卽見弱, 毋以臣畜天下." 春, 二世 東行郡縣, 李斯從. 到碣石, 竝海, 南至會稽, 而盡刻始皇所立刻石, 石旁著大臣從者名, 以章先帝成功盛德焉. 皇帝曰: "金石刻盡始皇 帝所爲也, 今襲號而金石刻辭不稱始皇帝, 其於久遠也如後嗣爲之者,

불칭성공성덕　승상신사　신거질　어사대부신덕　매사언　신청
不稱成功盛德."丞相臣斯·臣去疾·御使大夫臣德, 昧死言:"臣請

구각조서각석　인명백의　신매사청　제왈　가　수지요동이환
具刻詔書刻石, 因明白矣. 臣昧死請."制曰:"可."遂至遼東而還.

『사기』「진시황본기」〈2세 황제 원년〉조의 일부다. 이 기록에서 우리의 관심은 요동의 위치를 확인하는 데 있다. 그러나 당시 상황을 파악하기 위해 보충 설명을 하겠다. 위 사료는 2세 황제가 조고와 순행에 대해 상의하는 내용이다. 2세 황제와 조고는 아주 가까운 사이였다. 조고는 진시황제의 총애를 받던 환관으로서 황제의 성지를 집행하는 중거부령의 자리에 있었는데, 진시황제의 막내아들 호해에게 서예와 법령 등을 가르치기도 했다.

시황제는 순행 도중 사구평대[沙丘平臺 : 오늘날 하북성 광종현(廣宗縣) 서북부]에서 사망했는데, 조고는 승상 이사와 공모하고 황제의 조서를 위조하여 호해를 2세 황제로 옹립했다. 진시황제는 평원진[平原津 : 오늘날 산동성 평원현(平原縣)]에서 병이 났는데, 병세가 날로 심해지므로 오래 살지 못할 것을 예견하고 큰아들 부소(扶蘇)에게 함양으로 돌아와 장례 준비를 하라고 명했다.

당시 부소는 북방에서 몽염 장군과 함께 만리장성의 축조를 감독하고 있었다. 부소는 간교한 조고를 좋아하지 않았다. 따라서 조고는 부소가 황제가 되는 것을 달갑게 여기지 않는 반면에 호해가 황제가 되는 것이 자신에게 유리하다고 생각했다. 호해는 예전에 자신에게 배운 적이 있을 뿐만 아니라 우둔하여 자신의 말을 잘 들을 것으로 믿었기 때문이다.

조고는 이사와 공모하여 시황제의 사망 사실을 숨기고 호해를 태자로 옹립하는 한편, 시황제의 조서를 위조하여 부소와 몽염을 죄인으로 몰아 자결하라고 명했다.

이런 과정을 거쳐 호해가 2세 황제로 즉위했으므로, 조고는 2세 황제가 모든 일을 믿고 상의하는 가장 가까운 인물이었다. 2세 황제가 조고에게 시황제께서는 순행을 함으로써 강함을 보이고 이를 통해 위엄으로써 나라를 다스렸는데, 우리는 순행도 하지 않고 안일하게 지내고 있으니 천하의 백성들이 따르겠느냐고 걱정을 하므로, 조고와 대신들이 2세 황제의 뜻을 알아차리고 봄에 동부 지역을 순행했다는 내용이다. 진시황제는 재위기간에 5번 순행을 했는데, 주로 동쪽 지역이었다.

이것은 동부 지역이 그만큼 중요한 곳이었음을 말해준다. 중국은 지형이 서쪽은 높고 동쪽은 낮아, 동부에 자리한 하북성, 산동성, 강소성, 절강성 등은 평야지대이면서 바다와 접하고 있어 산물이 풍부하여 경제적으로 중요한 지역이다. 뿐만 아니라 이 지역은 원래 동이족의 거주지였고 이들은 황하 중류 유역에 거주하던 하족과는 대립하고 있었다.

진나라가 이들을 복속시켜 통일제국을 건설했다고는 하지만, 기회가 주어지면 이들은 반기를 들 수 있는 세력이었다. 따라서 진시황제는 이러한 동부 지역에 각별한 관심을 가졌을 것이다. 2세 황제도 아버지의 이 같은 정치적 판단을 따른 듯하다.

2세 황제는 수행한 승상 이사 등과 더불어 갈석산에 이른 다음 해안을 따라 남쪽으로 내려와 회계산에 이르렀다. 2세 황제는 동쪽을 순행했으므로 갈석산은 동북쪽에 있고 회계산은 동남쪽에 있어야 한다. 순행 중에 2세 황제를 수행한 대신들은 진시황제가 세운 비석에 글자를 새겨 넣고 비석의 옆면에는 자신들의 이름을 새겨 넣어 진시황제의 공과 덕을 밝히고자 했다. 진시황제는 순행을 하면서 6곳에 비석을 세웠는데, 이를 진시황제의 각석(刻石)이라고 하며, 여기에는 진시황제의 공로와 야망 및 정책 등이 새겨져 있다.

이에 대해서는 『사기』「진시황본기」에 자세하게 실려 있다. 각석 중 4개는 산동성의 추역산, 양부산, 지부산, 낭야대 등에 세워졌으며, 나머지 2개는 갈석산과 회계산에 세워졌다. 2세 황제는 진시황제가 세운 비석이 있는 갈석산과 회계산 지역을 순행했던 것이다.

진시황제가 새운 비석에 대신들이 자신들의 이름을 새겨 넣은 사실을 알게 된 2세 황제는, "오늘날 우리는 시황제가 사용하던 황제라는 칭호를 그대로 사용하고 있는데, 시황제의 업적을 기리기 위해 만든 청동기나 비석의 명문에 시황제라는 칭호를 적어 넣지 않고 황제라고만 적어 넣으면, 먼 훗날 그 명문 내용의 업적을 후세의 황제들이 한 것으로 잘못 인식될 수가 있는데도 어찌 그대들은 그러한 점은 생각하지 않고 자신들의 이름만 새겨 넣었단 말인가?"라고 꾸짖었다.

진나라가 중국을 통일하기 전 중국에서 최고 통치자에 대한 칭호는 왕이었고 각 왕에게는 시호가 내려졌다. 그러므로 시호에 따라 각 왕들을 구별하는 것이 가능했다. 그런데 중국을 통일한 진시황제는, 자신은 이전의 왕보다 더 권위가 있는 칭호로 불리어져야 한다는 생각에서 황제라는 칭호를 제정하고 후손 대대로 황제로 불리도록 하였으며, 시호 제도를 폐지했다. 따라서 시황제라는 칭호를 사용하지 않으면 후대의 황제와 구별할 수 없게 된다. 2세 황제는 이 점을 걱정한 것이다.

그러자 승상 이사, 풍거질, 어사대부 덕 등이 2세 황제에게, "신 등은 황제께서 하신 말씀의 내용을 모두 자세하게 비석에 새겨 넣고자 하오니 그렇게 하도록 해주시기 바랍니다."라고 간곡하게 주청하니, 2세 황제는 그렇게 하도록 허락한다. 허락을 받은 대신들은 비문에 그 내용을 새겨 넣기 위해 마침내 요동에 다녀왔다는 것이다.

대신들이 다녀온 요동은 어느 곳이었을까. 첫째는 진제국의 동북쪽에 있어야 하고, 둘째는 2세 황제가 순행했던 지역 가운데 한 곳이어야 하며, 셋째는 시황제가 새운 각석이 있는 곳이어야 한다. 위 사료에는 시황제의 각석이 있는 두 곳의 지명이 등장한다. 갈석산과 회계산이 그곳이다. 그런데 회계산은 중국의 동남부 절강성에 있다. 그곳은 동남부이므로 요동이라 불릴 수 없다.

따라서 요동이라 불릴 수 있는 곳은 동북부의 갈석산 지역일 수밖에 없다. 『중국고대지명사전』을 보면 갈석산이라는 명칭은 여러 곳에 있었던 것으로 되어 있다. 그러므로 위 사료에 등장하는 갈석산의 위치를 확인해야 한다. 가능하면 『사기』의 기록을 통해 확인하는 것이 바람직하다. 그래야만 위 사료에 등장하는 갈석산과 동일한 갈석산일 가능성이 높기 때문이다. 다행히도 『사기』

「효무본기」에 그 위치가 분명한 갈석산이 등장한다.

요점

요동의 위치는 사료 마지막 부분의 기록을 통해 확인할 수 있다. 대신들은 시황제가 세운 비문에 시황제라는 칭호를 새겨 넣기 위해 요동에 다녀왔다. 이 요동은 갈석산 지역이다.

사료 3

『사기』 권12 「효무본기」

천자가 태산에서 봉선을 마쳤는데, 바람과 비의 재앙이 없었다. 방사들이 또 아뢰기를, 만약 원하신다면 봉래산 등의 신산을 찾을 수 있을 것이라고 하였다. 이에 천자는 기뻐하면서 어쩌면 그것들을 만날 수 있을 것으로 믿고, 다시 동쪽의 해변에 이르러 바라보면서 봉래산을 만날 수 있기를 바랐다. 그런데 봉거도위 자후[곽자후(霍子侯)]가 갑자기 병이 나서 하루 만에 죽었다. 이에 천자는 그곳을 떠나 해변을 따라 북쪽으로 가서 갈석산에 이르렀다. 다시 요서로부터 행차를 시작하여 북쪽 변경을 거쳐 구원에 이르렀다. 5월에는 감천궁으로 돌아왔다.

天子旣已封禪泰山, 無風雨菑, 而方士更言蓬萊諸神山若將可得, 於是
上欣然, 庶幾遇之, 乃復東至海上望, 冀遇蓬萊焉. 奉車子侯暴病,

^{일 일 사　상 내 수 거　병 해 상　북 지 갈 석　순 자 요 서　역 북 변 지 구 원　오 월}
一日死. 上乃遂去, 竝海上, 北之碣石, 巡自遼西, 歷北邊至九原. 五月,
^{반 지 감 천}
返至甘泉.

　위 사료는 서한 무제가 산동성의 태산에서 봉선을 지낸 것과
관계된 내용이다. 서한 무제는 봉선을 지낸 뒤 갈석산 지역에 갔
다고 기록되어 있는데, 이를 통해 갈석산의 위치를 알 수 있다. 진
시황제 시기와 서한 무제 시기는 수십 년 차이밖에 나지 않으므
로 여기에 등장하는 갈석산은 진시황제 시대의 갈석산과 다르지
않을 것이다.

　서한 무제는 국내외에 서한제국과 황제의 권위를 높이 세운 인
물이다. 태산의 봉선의식도 그러한 정치활동의 일환이었다. 봉선
은 황제가 하느님으로부터 그를 대신하여 천하를 통치하도록 명
을 받는 의식이다. 그러므로 무제는 태산에서 봉선을 행함으로써
명실상부한 천자의 권위를 세우고자 했던 것이다.

　서한은 건국 초에 정치적·경제적으로 매우 어려움에 처해 있
었다. 진제국 말기에 진승과 오광에 의해 시작된 전국적인 봉기와
그 뒤를 이은 항우와 유방의 권력 쟁탈전이 수년에 걸쳐 계속되
어 사회는 혼란하고 경제는 피폐해졌다. 그래서 서한 초의 황제들
은 백성들이 정착하여 생업에 힘쓰게 함으로써 경제를 회생시키
고 사회를 안정시키는 데 온 힘을 쏟았다. 그 결과 서한은 명실상
부한 제국의 면모를 갖추게 되었다. 이러한 기반과 환경의 바탕
위에서 무제가 등장했던 것이다.

무제는 동중서의 건의를 받아들여 유가를 정치와 학문의 지도이념으로 채택하여 유가를 공부한 사람만 관리가 될 수 있도록 하였다. 동중서는 유가의 논리를 체계적으로 정리하여 하늘에 신성성을 부여하고, 황제는 지상의 인간을 대표해서 하느님과 대화하고 하느님의 명을 받아 지상의 인간과 만물을 지배하는 성스러운 존재라고 논리화하였다. 동중서의 이런 논리는 서한제국과 황제의 위엄을 추구하던 무제에게는 매우 만족스러운 것이었다.

　이 시기에 사마천은 『사기』를 편찬했다. 사마천은 태고의 오제[황제(黃帝), 전욱(顓頊), 제곡(帝嚳), 제요(帝堯), 제순(帝舜)]시대부터 서한 무제시대까지의 통사를 엮었는데, 역대 최고 통치자를 중심으로 한 통일사상이 그 흐름을 형성하고 있다. 그는 북극성의 주위에 28개의 별이 운행하듯이 천자의 주위에는 제후가 있으며, 수레바퀴의 살은 속 바퀴와 겉 바퀴를 연결시켜주듯이 제후는 천자와 백성들을 연결시키는 구실을 한다고 보았다. 사마천은 통일제국의 출현을 역사를 통해 설명하고 그것이 영원하기를 바랐다. 비록 왕조는 바뀌어왔지만 중국이 넓은 영토에 여러 민족과 종족이 하나의 국가로 유지되어 온 것은 사마천이 심은 일통(一統)의 역사의식이 크게 작용했다고 볼 수 있다.

　서한 무제는 산동성의 태산에서 봉선을 마친 뒤 그곳을 떠나 해변을 따라 북쪽으로 가서 갈석산에 이르렀고, 다시 요서를 떠나 순행을 시작하여 북쪽 변경을 거쳐 구원에 이르렀다. 그러므로 갈석산은 산동성의 북쪽에 있었고 그 서쪽이 요서였음을 알 수 있다.

산동성의 북쪽에 지금도 갈석산이 있다. 하북성 창려현(昌黎縣)의 갈석산이 그것이다. 그곳은 난하 유역으로서 오늘날 요서 서부에 해당한다. 오늘날 요서 서부 난하 유역이 고대의 요동이었던 것이다. 다시 말하면 난하 유역 갈석산 지역이 고대의 요동이었고 고조선과 진제국의 국경 지역이었던 것이다.

요점

서한 무제는 산동성에서 해변을 따라 북쪽으로 가서 갈석산에 이르렀다. 갈석산이 산동성의 북쪽에 있었음을 말해준다. 그곳에 지금도 갈석산이 있다. 하북성 창려현의 갈석산이 그것이다. 그곳은 난하 하류 유역으로서 오늘날 요서 서부이다. 오늘날 요서 서부인 난하 유역이 고대의 요동이었고 고조선과 진제국의 국경 지역이었던 것이다.

사료 4

『한서』 권6 「무제기」

태산으로부터 행차를 시작하여 다시 동쪽의 해변을 순행하고 갈석산에 이르렀다. 요서로부터 시작하여 북변과 구원을 거쳐 감천궁으로 돌아왔다.

<ruby>行<rt>행</rt></ruby><ruby>自<rt>자</rt></ruby><ruby>泰<rt>태</rt></ruby><ruby>山<rt>산</rt></ruby>, <ruby>復<rt>복</rt></ruby><ruby>東<rt>동</rt></ruby><ruby>巡<rt>순</rt></ruby><ruby>海<rt>해</rt></ruby><ruby>上<rt>상</rt></ruby>, <ruby>至<rt>지</rt></ruby><ruby>碣<rt>갈</rt></ruby><ruby>石<rt>석</rt></ruby>. <ruby>自<rt>자</rt></ruby><ruby>遼<rt>요</rt></ruby><ruby>西<rt>서</rt></ruby><ruby>歷<rt>역</rt></ruby><ruby>北<rt>북</rt></ruby><ruby>邊<rt>변</rt></ruby><ruby>九<rt>구</rt></ruby><ruby>原<rt>원</rt></ruby>, <ruby>歸<rt>귀</rt></ruby><ruby>于<rt>우</rt></ruby><ruby>甘<rt>감</rt></ruby><ruby>泉<rt>천</rt></ruby>.

위 사료는 앞에 소개한 『사기』 「효무본기」 기록을 다시 한 번 확인해준다. 「효무본기」 기록보다 구체적이지 않다. 하지만 그 기록이 사실임을 확인시켜준다. 서한 무제가 갈석산에 이른 뒤 요서에서 시작하여 북변과 구원을 거쳐 감천궁으로 이동하였다고 했으므로 갈석산 지역이 당시의 요동이었고 그 서쪽이 요서였음을 알게 해준다.

요점

서한 무제가 태산에서 봉선의식을 끝낸 뒤의 순행에 대한 『사기』 「효무본기」 기록이 사실임을 재확인시켜준다. 지금도 난하 유역의 하북성 창려현에 갈석산이 있는데, 그곳은 산동성의 북쪽이다.

·4· 만리장성의 동쪽 끝은 갈석산 지역이다

개관

잘 알려진 바와 같이 진시황제는 흉노를 비롯한 북방 이민족의
침략을 막기 위해 북쪽의 국경선에 장성을 쌓았다. 이를 진장성이
라 부르는데, 그 길이가 1만여 리에 이른다 하여 '만리장성'으로
불린다. 만리장성은 국경선 위에 쌓아졌으므로 그 동쪽 끝부분은
고조선과 진제국의 국경선과 일치해야 한다. 그곳이 앞에서 확인
된 고조선과 진제국의 국경 지역인 난하 하류 유역의 갈석산 지
역으로 확인된다면, 그곳이 국경이었음이 더욱 분명해진다.

사료에는 만리장성이 요동에서 끝난 것으로 기록되어 있다. 그
래서 그동안 일부 학자들은 만리장성의 끝 부분은 요하 유역이나
압록강 유역 또는 청천강 유역 등일 것으로 보았다. 이런 생각은

고조선의 영토를 한반도나 요하 유역까지로 국한하게 만들었다. 그러나 고대의 요동은 오늘날의 요동과 그 위치가 달랐다.

고대의 요동은 오늘날 요서 서부 난하 유역이었다. 난하 유역에는 갈석산이 있는데, 만리장성은 갈석산에서 끝났다는 기록이 여러 문헌에 보인다. 이러한 기록들은 고조선의 서쪽 국경이 난하 유역이었고 그 지역이 고대의 요동이었음을 재확인시켜준다. 먼저 만리장성의 축조에 관한 기록부터 살피기로 한다.

사료 1

『사기』 권88 「몽염열전」

진시황제 26년에 몽염은 가문의 전통을 이어서 진나라의 장군이 되었다. 제나라를 공격하여 그 나라를 크게 격파하였는데, 그 공로로 내사에 제수되었다. 진나라는 천하를 병합하고서 몽염으로 하여금 30만 명의 무리를 이끌고 융적을 북쪽으로 축출하도록 하여 하남을 회수하였다. 장성을 쌓았는데 지형에 따라 그것을 이용하여 험한 요새를 만들었다. 임조에서 시작하여 요동에 이르렀는데, 연결된 길이가 1만여 리나 되었다.

始皇二十六年, 蒙恬因家世得爲秦將, 攻齊, 大破之, 拜爲內史. 秦已
幷天下, 乃使蒙恬將三十萬衆北逐戎狄, 收河南. 築長城, 因地形,
用制險塞. 起臨洮, 至遼東, 延袤萬餘里.

진나라는 한, 위, 조, 연, 제, 초 등 여섯 나라를 멸망시킴으로써 전국시대를 마감하고 중국에 통일제국을 출현시켰다. 여섯 나라 가운데 가장 늦게 멸망한 나라는 오늘날 산동성에 있었던 제나라였다. 서기전 221년(진시황 26년)에 제나라가 멸망함으로써 진제국이 출현했다. 위 사료에 따르면, 몽염의 가문은 무관을 많이 배출했는데, 그러한 가문의 전통을 이어 몽염도 진나라의 장군이 되었으며, 제나라와의 전쟁에서 크게 공로를 세워 내사에 임명되었다.

진시황제는 통일의 대업을 완성한 뒤 몽염에게 30만 명의 군사를 주어 오늘날 오르도스(하투) 지역에 있던 이민족을 북쪽으로 축출하고 황하 이남 지역을 회복하고는 북방 이민족의 침략을 막기 위해 진장성을 쌓았다. 지형을 이용해 축소된 요새는 임조(오늘날 감숙성)에서 시작되어 요동에서 끝났고, 그 성의 길이는 1만여 리나 되었다. 이러한 연유로 이 성을 만리장성이라 부르게 된 곳이다.

여기서 중요한 것은 만리장성의 동쪽은 요동에서 끝났다는 점이다. 앞에서 확인되었듯이 고조선과 진제국의 국경을 이루었던 지역은 요동이었는데, 진제국이 국경에 쌓았던 진장성도 동쪽의 요동에서 끝났다고 했으므로, 이곳이 고조선과 진제국의 국경지대였음이 더욱 분명해진다.

여기서 참고로 2가지를 확인할 필요가 있다. 첫째, 연나라가 국경에 쌓았던 연장성과 만리장성의 동쪽 끝 부분이 동일한 지역으로 확인되는가 하는 점이다. 진제국은 만리장성의 전 구간을 새로 쌓은 것이 아니라 전국시대에 북방에 있었던 진, 조, 연 등의 나라가 북방 이민족의 침략을 막기 위해 국경에 쌓았던 성들을 보수

·연결하였다고 하므로 만리장성의 동쪽 끝 부분은 연장성의 동쪽 끝 부분과 일치해야 한다.

둘째, 만리장성이 끝났다는 요동이 앞의 사료에서 고조선과 진제국의 국경 지역으로 나타난 요동과 동일한 곳인가 하는 점이다. 두 사료에 나타난 요동이 어쩌면 다른 곳일 수도 있기 때문이다. 이에 관한 기록들을 보겠다.

요점

진제국이 북방에 쌓았던 만리장성의 동쪽 부분은 요동에서 끝났다. 만리장성은 국경선에 쌓아졌으므로 이 기록은 요동이 고조선과 진제국의 국경지대였음을 뒷받침해준다.

사료 2

『사기』 권110 「흉노열전」

진나라 소왕 때 의거의 융왕은 소왕의 어머니 선태후와 사통하여 두 아들을 두었는데, 선태후는 의거의 융왕을 속여서 감천에서 그를 죽이고서 마침내 군사를 일으켜 의거의 잔존 세력을 토벌하였다. 이리하여 진나라는 농서, 북지, 상군 등을 차지하고 장성을 쌓아 호(胡)를 막았다.

그리고 조나라 무령왕은 또한 풍속을 바꾸어 호복을 입고 말을 타고 활을 쏘는 법을 익혀 북쪽의 임호와 누번을 격파하고 장성을 쌓았는데, 대(代)로부터 시작하여 음산 산맥의 기슭을 따라 고궐에 이르기까지를 요새로 삼고 운중, 안문, 대군 등을 설치하였다.

그 뒤 연나라에는 현명한 장수 진개가 있었는데, 그가 호의 인질로 붙잡혀 있는 동안 호는 그를 매우 신임하였다. 그는 귀국 후에 동호를 습격 격파하여 몰아내었는데, 동호는 1,000여 리나 물러났다. 형가와 더불어 진나라 왕[진왕(秦王) 정(政), 후에 진시황제(秦始皇帝)가 됨]을 죽이려 했던 진무양이라는 사람은 진개의 손자이다. 연나라 또한 장성을 쌓았는데, 조양에서 시작하여 양평에 이르렀다. 상곡, 어양, 우북평, 요서, 요동군을 설치하고 호(胡)를 막았다.

당시 문화수준을 갖추고 전쟁을 하는 나라가 일곱이었는데, 이 가운데 세 나라가 흉노와 국경을 접하고 있었다. 그 뒤 조나라 장수 이목이 있었던 시기에는 흉노는 감히 조나라의 국경에 들어오지 못하였다. 뒤에 진나라가 여섯 나라를 멸하고, 시황제는 몽염으로 하여금 10만의 무리를 이끌고 북쪽의 호를 공격하도록 하였는데, 몽염은 하남의 땅을 모두 회수하였다. 이로써 황하를 요새로 삼아 44개의 현성을 황하 연안에 쌓고 주민을 옮겨 그곳을 지키도록 충원하였다. 그리고 구원으로부터 운양에 이르기까지 직도를 통하게 하였다. 험준한 산맥의 기슭을 이용하고 계곡을 해자로 삼아 보수가 가능한 곳은 수리를 하니 임조에서 시작하여 요동에 이르렀다.

진소왕시　의거융왕여선태후란　유이자　선태후사이살의거융왕
秦昭王時, 義渠戎王與宣太后亂, 有二子, 宣太后詐而殺義渠戎王
어감천　수기병벌잔의거　어시진유농서　북지　상군　축장성이
於甘泉, 遂起兵伐殘義渠. 於是秦有隴西・北地・上郡, 築長城以
거호　이조무령왕역변속호복　습기사　북파임호　누번　축장성
拒胡. 而趙武靈王亦變俗胡服, 習騎射, 北破林胡・樓煩, 築長城,

自代立陰山下, 至高闕爲塞. 以置雲中·鴈門·代郡. 其後燕有賢將
秦開, 爲質於胡, 胡甚信之. 歸而襲破走東胡, 東胡卻千餘里. 與荊
軻刺秦王秦舞陽者, 開之孫也. 燕亦築長城, 自造陽至襄平, 置上谷·
漁陽·右北平·遼西·遼東郡以拒胡. 當是之時, 冠帶戰國七, 而三
國邊於匈奴. 其後趙將李牧時, 匈奴不敢入趙塞. 後秦滅六國, 而始
皇帝使蒙恬將十萬之衆, 北擊胡, 悉收河南地. 因河爲塞, 築四十四
縣城臨河, 徙適戍以充之. 而通直道, 自九原至雲陽, 因邊山險塹谿
谷可繕者治之, 起臨洮至遼東.

　진장성(만리장성)은 진시황제 때 쌓은 것으로 전해오지만, 그 성
전체를 당시에 완전히 새로 쌓은 것이 아니다. 당시 북방의 각 지
역에 있었던 성들을 보수하고 연결하여 만든 것이다. 위 사료는
이 점을 말하고 있다. 진시황제가 중국을 통일하기 전은 전국시대
였는데, 당시 중국에는 한, 위, 조, 연, 제, 초, 진 등 일곱 나라가
있었다. 이들을 전국칠웅이라 한다.

　이 가운데 진, 조, 연 등의 세 나라는 북방에 자리하여 흉노를
비롯한 이민족과 국경을 접했다. 조나라가 정북부에 자리했고, 그
서쪽에 진나라가, 동쪽에 연나라가 있었다. 연나라는 동북부에 자
리하여 고조선과 국경을 접했다. 이 세 나라는 흉노를 비롯한 동
호, 고조선 등 북방 이민족의 침략을 막기 위해 장성을 쌓고 그
지역에 새로운 군과 현을 설치했다. 위 사료는 그 과정을 설명하
고 있다.

진나라의 장성과 조나라의 장성, 연나라의 장성을 모두 합하면, 임조에서 시작하여 요동에 이르렀다고 했는데, 이 사료에 등장하는 임조와 요동은 앞의 『사기』「몽염열전」에서 언급된 만리장성의 시작 지점 및 끝 지점의 지명과 일치한다. 이로써 진시황제 때 쌓은 만리장성은 전국시대 북방에 있었던 세 나라 진, 조, 연 등이 쌓았던 장성들을 연결시킨 것임을 알 수 있다.

그런데 한 가지 의심스러운 점이 있다. 그것은 연나라 장성의 동쪽 끝 지점의 지명이다. 연나라의 장성은 조양에서 양평에 이르렀다고 기록되어 있다. 이는 만리장성 끝 부분의 지명과 일치하지 않는다. 연나라는 중국의 동북부에 자리하여 고조선과 국경을 접하고 있었고, 연나라에서 쌓은 연장성은 만리장성의 동쪽 끝 부분을 형성하여 고조선과 진제국의 국경을 이루고 있었다. 따라서 그 동쪽 끝 부분은 마땅히 요동이 되어야 하는데 양평에서 끝났다고 기록되어 있다. 양평과 요동의 차이는 무엇을 의미하는 것일까?

이에 대한 의문은 『한서』「지리지」 기록을 보면 자연스럽게 풀린다. 『한서』「지리지」〈요동군〉조에는 요동군에 18개의 현이 있었던 것으로 되어 있는데, 양평이 그 첫 번째 현으로 기록되어 있다. 그곳에 목사관을 두었다고 했다. 양평은 요동군에 있었던 현 이름이었던 것이다. 그러므로 연장성이 양평에서 끝났다고 한 것은 현의 명칭으로 말한 것이고, 만리장성이 요동에서 끝났다고 한 것은 군의 명칭으로 말한 것임을 알 수 있다. 결국 같은 지역을 말한 것이다.

여기서 한 가지 구체적인 사실을 확인할 수 있다. 그것은 요동군은 고조선과 진제국의 국경 지역에 있었고, 요동군의 현 가운데 양평현은 만리장성이 끝나는 지점으로 고조선과 진제국의 국경지점에 자리해 있었고, 진제국의 현 가운데 가장 동쪽에 자리해 있었던 현 가운데 하나였음을 알 수 있다.

전국시대 연나라가 국경에 쌓은 장성의 위치가 만리장성의 위치와 다르지 않다는 점은 전국시대에도 고조선의 서쪽 국경이 진제국 시기와 다르지 않았음을 알게 해준다. 여기서 한 가지 유의해야 할 점은 위 사료에 따르면, 전국시대 진, 조, 연 등의 나라는 이민족을 공격하여 영토를 확장한 뒤 장성을 쌓았음으로 연나라가 장성을 쌓기 전 고조선의 국경은 이보다 서쪽에 있었을 가능성이 있다는 점이다.

요점

이 사료를 통해 확인할 수 있는 것은 전국시대 북방에 위치하여 이민족들과 국경을 접하고 있었던 진, 조, 연 등의 나라는 흉노, 동호, 고조선 등의 침략을 방어하기 위해 북방의 국경선에 장성을 쌓았는데, 뒤에 중국을 통일한 진시황제는 이 성들을 보수, 보완, 연결하여 만리장성을 만들었다는 것이다. 그런데 만리장성의 동쪽은 요동군에서 끝난 것으로 되어 있는데, 연장성은 양평에서 끝난 것으로 되어 있다. 양평은 요동군에 속해 있었던 현의 명칭이므로 더 구체적인 지명을 말한 것이다.

『태강지리지』

[『사기』권2 「하본기」의 갈석에 대한 주석인 『사기집해』에 수록]

『태강지리지』에 말하기를, 낙랑군 수성현에는 갈석산이 있는데, 장성(진장성. 만리장성)이 시작된 곳이라고 하였다.

『太康地理志』云, 樂浪遂城縣有碣石山長城所起.

　　『태강지리지』는 서진(西晉)시대의 지리서이다. 태강은 서진 무제 때의 연호로서 서기 280년부터 289년까지이다.

　　이 책에서 말한 갈석산은 그곳에서 진장성이 시작되었다고 했으므로 국경지대인 고대의 요동에 있었던 산으로서 앞에서 확인된 고조선과 진·한의 국경에 있었던 갈석산임을 알 수 있다. 그리고 이 갈석산 지역에 낙랑군 수성현이 있었다고 했으므로 한사군의 낙랑군은 갈석산 지역에 있었음도 알 수 있다.

　　그런데 낙랑군을 포함한 한사군은 서한이 위만조선을 멸망시키고 그 지역에 설치했으므로, 한사군 지역은 원래 서한의 영토가 아니었다. 갈석산에서 진장성이 시작되었고 그 지역에 낙랑군이 있었다고 했으므로, 이 갈석산은 국경에 있었음을 알 수 있다. 갈석산의 서쪽은 진과 한의 영토였고 동쪽은 원래 고조선의 영토였으나 갈석산 지역은 위만조선의 영토가 되었다가 한사군의 하나인 낙랑군이 된 것이다.

서한은 갈석산 동쪽에 있던 위만조선을 멸망시키고 그 지역에 한사군을 설치했는데 한사군 가운데 낙랑군이 갈석산 지역에 위치하여 가장 서쪽에 있었음을 알 수 있다. 위만조선과 한사군은 오늘날 요서 지역에 위치한 것이 된다. 이 점은 뒤에서 밝혀질 것이다.

요점

이 갈석산은 만리장성(진장성)이 시작된 산으로서 앞에서 확인된 고대의 요동 즉 고조선과 진·한의 국경인 난하 하류 유역의 그 갈석산인 것이다. 따라서 한사군의 하나인 낙랑군은 난하 유역의 갈석산 지역에 있었다. 일부 학자들은 낙랑군이 대동강 유역에 있었다고 보고 있는데, 이는 잘못 고증한 것이다.

사료 4

『통전』 권186 「변방」 〈동이〉 '고(구)려'

갈석산은 한의 낙랑군 수성현에 있는데, 장성(만리장성)은 이 산에서 시작되었다. 지금 그 증거로 장성이 동쪽으로 요수를 끊고 고구려로 들어가는데, 유적이 아직도 존재한다.

생각하건대, 『상서』에 이르기를, "협우갈석입어하(夾右碣石入於河)"라 했으니, 우갈석은 강이 바다를 향한 곳으로서 오늘날 북평군 남쪽 20

여 리에 있다. 그러므로 고구려 안에 있는 것은 좌갈석이 된다.

碣石山在漢樂浪郡遂城縣, 長城起於此山. 今驗長城東裁遼水而入
高麗, 遺址猶存. 按『尙書』云, 夾右碣石入於河, 右碣石卽河赴海
處, 在今北平郡南二十餘里, 則高麗中爲左碣石.

『통전』은 당나라의 두우(杜佑 : 735~812년)가 편찬한 문물제도사이
다. 위 사료는 당나라의 이웃에 있었던 고구려에 대한 기록이다.
원문에서 고려는 고구려를 말한다. 두우가 살았던 시기에 왕건이
건국한 고려는 아직 출현하지 않았다.

위 사료에 따르면 갈석산은 한의 낙랑군 수성현에 있으며 장성
이 이곳에서 시작되었다. 앞에 소개한 『태강지리지』 기록과 일치
한다. 두우는 장성이 갈석산에서 시작된 증거로서 장성이 동쪽으
로 요수를 지나 고구려로 들어가는 사실을 들면서, 장성의 유적이
아직 남아 있다고 말하고 있다. 여기서 말하는 요수는 그 위치로
보아 오늘날의 난하였음을 알 수 있다. 이 점은 뒤에서 확인될 것
이다.

그런데 두우는 독자들에게 갈석의 위치를 보다 분명하게 설명
하기 위해 자신이 직접 주석을 달아놓았다. 그는 『상서』에 "협우
갈석입어하"라는 기록이 있음을 소개하면서, 우갈석은 강이 바다
를 향한 곳이어야 하므로 당시의 북평군 남쪽 20여 리에 있는 갈
석이어야 하고, 고구려 안에 있는 것은 좌갈석이 되어야 한다고

말하고 있다.

이런 설명으로 보아 두우는 "협우갈석입어하"를 "우갈석을 끼고 강으로 들어간다."로 이해한 듯하다. 그러나 일반적으로 이 구절은 "갈석을 오른쪽으로 끼고 강으로 들어간다."고 해석한다. 두우는 "협우갈석"을 "우갈석을 끼고"라고 해석을 했기 때문에 우갈석이 있었다면 당연히 이에 대응하는 좌갈석이 있어야 한다고 생각하고, 좌갈석은 고구려 안에 있을 것으로 여겼던 듯하다.

여기서 우리가 알아야 할 것은, 두우가 그렇게 말하면서도 진장성이 시작된 갈석은 북평군 남쪽 20여 리에 자리한 난하 유역의 갈석이며, 그곳은 낙랑군 수성현 지역이었다고 분명하게 말하고 있다는 점이다.

요점

갈석산은 난하 유역에 있었으며 그곳은 낙랑군 수성현이었다. 진장성은 이곳에서 시작되었다(또는 끝났다)고 기록되어 있는데, 이것은 낙랑군과 만리장성의 동쪽 끝 부분이 갈석산 지역에 있었음을 다시 한 번 확인시켜준다.

사료 5
『진서』권42 「당빈열전」

마침내 옛 경계를 개척하니 늘어난 땅이 1,000리였다. 진장성의 요

새를 복구하였는데, 온성으로부터 갈석에 이르렀으며, 이어 뻗은 산
의 계곡이 또한 3,000리나 되었다. 군사를 나누어 둔전을 하며 지키
도록 하였는데, 봉수대가 서로 바라보였다.

遂開拓舊境, 却地千里. 復秦長城塞, 自溫城泊于碣石, 緜亙山谷且
三千里. 分軍屯守, 烽堠相望.

진(晉)나라 때에 국경을 넓히는 과정에서 만리장성(진장성)을 복
구했는데, 그 끝나는 지점(반대로 보면 시작된 지점)은 갈석산이었다는
기록이다. 이는 위의 『태강지리지』에서 진장성은 갈석산에서 시작
되었다고 한 내용과 같은 것으로서, 이러한 사실을 다시 한 번 확
인시켜준다.

요점

만리장성이 끝나는 지점(또는 시작된 지점)이 갈석산 지역이었음을 다시 한
번 확인시켜준다.

사료 6

『통전』 권178 「주군」 〈평주〉 노룡현에 대한 주석

노룡현은 한시대의 비여현으로서 갈석산이 있는데, 우뚝 솟아 바닷

가에 서 있으므로 그런 이름을 얻었다. 진(晉)나라의 『태강지(리)지』
에도 진(秦)나라가 쌓은 장성은 갈석으로부터 시작되었다고 하였다.
지금 고려의 옛 경계에 있는 것은 이 갈석이 아니다.

노 룡 현　한 비 여 현　유 갈 석 산　갈 연 이 입 재 해 방　고 명 지　진　태 강
盧龍縣, 漢肥如縣, 有碣石山, 碣然而立在海旁, 故名之. 晉『太康
지 지　동 진 축 장 성 소 기 자 갈 석　재 금 고 려 구 계 비 차 갈 석 야
地志』同秦築長城所起自碣石, 在今高麗舊界非此碣石也.

　위의 내용은 당나라의 노룡현에 대한 설명이다. 당나라의 노룡
현은 평주에 속해 있었는데, 그곳이 한나라 때에는 비여현이었다
는 것이다. 한나라의 비여현은 오늘날 난하 유역에 있었다. 따라
서 당나라의 노룡현도 난하 유역에 있었던 것이다. 그런데 노룡현
에는 갈석산이 있고 바닷가에 우뚝 서 있으므로 갈석산이라는
명칭을 얻었다고 설명하면서, 진(晉)나라의 『태강지(리)지』에도 진
(秦)나라가 쌓은 만리장성은 갈석에서 시작된 것으로 설명되어 있
다고 말하고 있다. 그리고 오늘날 고구려 옛 경계는 여기서 말하
는 진장성(晉長城)이 시작된 갈석 지역이 아니라고 설명을 더하고
있다. 고구려 옛 경계는 오늘날의 요하 유역을 말한 것 같다. 두우
는 만리장성이 시작된 갈석산은 난하 하류 유역에 있는 갈석산임
을 분명히 하고 있다.

요점

진·한의 동북 국경이었던 만리장성(진장성)의 동쪽 부분은 갈석산에서

시작되었다. 이 지역은 당(唐)대에는 평주 노룡현이었고 한(漢)대에는 비여현으로서, 오늘날 난하 동부 유역이다.

·5· 고대의 요수는 지금의 난하이다

개관

고대의 요동과 요수는 그 위치가 오늘날의 요동, 요수와 달랐다. 그 위치가 달랐던 것은 다음과 같은 이유 때문이었다. 요동은 원래 고유명사가 아니었다. 요동은 중국인들이 자기들의 영토에서 동쪽으로 가장 멀리 떨어진 곳을 일컫는 말이었다. 오늘날의 극동과 같은 의미를 지닌 말이었다.

그러던 것이 일정한 지역이 오랜 기간 요동이라 불리면서 그지역 명칭으로서 고유명사화되었다. 그러므로 요동이 고유명사화되기 전에는, 동쪽으로 영토가 확장되면 요동 지역도 동쪽으로 이동했다. 한편 국경이 서쪽에 있던 시기에는 서쪽의 국경 지역이요동이었다. 고대의 요수는 오늘날의 난하였고 오늘날 난하 유역의 갈석산 지역이 고대의 요동이었다. 그곳이 고대의 요수와 요동 지역이었던 것은 당시 그 지역이 고조선과 중국의 국경 지역으로서, 중국인들에게는 그것이 동쪽으로 가장 멀리 있는 땅이었기 때문이었다.

따라서 요동이라는 지명이 오늘날 요동 지역으로 옮겨진 것은 중국이 영토를 확장하여 오늘날 요서 지역이 중국 영토가 되면서부터였다. 뒤에서 확인되겠지만 서한이 오늘날 요서 지역에 있었던 위만조선을 멸망시키고 그곳을 서한의 영토로 통합하여 낙랑군, 임둔군, 진번군, 현도군 등 한사군을 설치함으로써 오늘날 요하가 고조선과 서한의 국경이 되었다. 이에 따라 요수라는 강 이름이 오늘날 요하로 옮겨지고 그 동쪽 땅을 요동이라 부르게 된 것이다.

사료 1
『회남자』 권4 「추형훈」

요수는 갈석산을 나와 요새의 북쪽으로부터 동쪽으로 흘러 곧바로 요동의 서남에 이르러 바다로 들어간다.

요 수   출 갈 석 산   자 새 북 동 류   직 요 동 지 서 남   입 해
遼水, 出碣石山, 自塞北東流, 直遼東之西南, 入海.

『회남자』는 서한 초에 회남왕이었던 유안이 편찬한 책이다. 유안은 여러 학파의 학문을 종합하기 위해 경제(景帝) 말년에 방술가, 빈객들과 더불어 이 책을 편찬했다. 이 책의 「추형훈」은 당시 중국의 6대 강을 소개하고 있는데, 그 가운데 요수가 들어 있다. 그리고 위에 소개한 바와 같이 요수는 갈석산을 나와 요동의 서남에서 바다로 들어간다고 설명했다.

오늘날 갈석산을 끼고 흐르는 큰 강은 난하뿐이다. 난하는 갈석산을 나와 동남쪽으로 흘러 고대 요동인 갈석산 지역의 서남에서 바다로 흘러 들어간다. 「추형훈」의 요수에 대한 설명과 일치한다. 이로 보아 오늘날 난하가 고대의 요수였음을 알 수 있다. 따라서 오늘날 요하와 요동은 후대에 그러한 명칭이 붙여졌으며, 그 이전 고대의 요동은 오늘날 하북성 창려현의 갈석산 지역이었고, 요수는 갈석산을 끼고 흐르는 오늘날 난하였던 것이다.

요점

고대의 요수는 오늘날 난하였다. 이는 앞에서 확인된 고조선의 서쪽 국경과도 일치한다. 만리장성은 음산 산맥을 따라 동쪽으로 뻗어 난하를 가로질러 갈석산 지역에 이르는데, 이러한 만리장성의 위치와도 일치한다.

『염철론』 권9 「험고」

연나라는 갈석산을 국경의 요새로 삼고 사곡에 의해 끊겼으며 요수에 의해 둘러싸였다.

<ruby>燕<rt>연</rt></ruby><ruby>塞<rt>새</rt></ruby><ruby>碣<rt>갈</rt></ruby><ruby>石<rt>석</rt></ruby>, <ruby>絶<rt>절</rt></ruby><ruby>邪<rt>사</rt></ruby><ruby>谷<rt>곡</rt></ruby>, <ruby>繞<rt>요</rt></ruby><ruby>援<rt>원</rt></ruby><ruby>遼<rt>요</rt></ruby>.

    서한 무제 때 실시한 소금과 철의 전매제도에 대해 선제 때 대토론회를 가졌는데, 그 내용을 정리한 책이 바로『염철』이다. 서한 무제는 국가의 수입을 늘리기 위해 소금과 철의 전매제도를 실시했는데, 이를 통해 국가의 수입은 늘었지만 그 폐단도 많았다. 예컨대 소금과 철이 중앙 정부의 주도 아래 특정한 곳에서만 생산되었는데, 생산품의 수송이 원만하지 못한데다가 매점매석까지 행해져 유통이 원활하지 못하자, 지방에서는 가격이 폭등하는 사태가 발생했다.

    이렇게 되자 그 문제점을 지적하면서 소금과 철의 전매제도를 폐지하라는 여론이 들끓었다. 이를 무마하기 위해 무제의 뒤를 이은 선제 때에 소금과 철의 전매제도에 대한 대토론회가 개최되었다. 그때 정부를 대표하여 대부 상홍양이 전매의 필요성을 역설했다. 이 사료는 대부 상홍양이 한 말 가운데 일부이다. 그는 전국시대 여러 나라의 상황을 설명하면서 연나라에 대해서도 말했다. 전국시대 연나라의 국경은 갈석산과 사곡, 요수 등으로 이루어져 있었다는 것이다.

사곡은 아직 확인되지 않아 그 위치를 알 수 없지만, 갈석산은 난하 동부 유역에 있고 고대의 요수는 오늘날 난하로 확인되었으므로, 위 사료에서 "연나라는 갈석산에 의해 막혔고 사곡에 의해 끊겼으며 요수에 의해 둘러싸였다."고 설명한 것은 매우 정확한 것이다. 전국시대 연나라와 고조선의 국경은 오늘날 난하와 갈석산으로 형성되어 있었음을 알 수 있다.

요점

지금까지의 고찰로써 분명해진 것은, 고대의 요동과 요수의 위치는 오늘날 요동이나 요수와 달랐다는 것이다. 고대의 요동과 요수의 위치는 오늘날 요동이나 요수보다 훨씬 서쪽으로서 오늘날 요서 서부였다. 고대의 요수와 요동은 오늘날 난하와 그 유역이었다. 갈석산은 난하 유역에 있다. 고대의 요동이 오늘날 요동보다 훨씬 서쪽에 있었음은 다음 사료에서 분명하게 확인된다.

사료 3
『후한서』 권85 「동이열전」 〈고구려전〉

고구려는 요동의 동쪽 1,000리 떨어진 곳에 있는데, 남쪽은 조선·예맥과, 동쪽은 옥저와, 북쪽은 부여와 접하였다.

高句驪, 在遼東之東千里, 南與朝鮮·濊貊, 東與沃沮, 北與夫餘接.

사료 4

『삼국지』 권30 「오환선비동이전」 〈고구려전〉

고구려는 요동의 동쪽 1,000리 떨어진 곳에 있는데, 남쪽은 조선·예맥과, 동쪽은 옥저와, 북쪽은 부여와 접하였다.

高句麗, 在遼東之東千里, 南與朝鮮·濊貊, 東與沃沮, 北與夫餘接.

『후한서』「동이열전」〈고구려전〉과 『삼국지』「오환선비동이전」〈고구려전〉에는 동일한 내용이 실려 있다. 고구려는 요동으로부터 동쪽으로 1,000리 떨어진 곳에 있었다는 것이다. 바꾸어 말하면, 고대의 요동은 고구려로부터 서쪽으로 1,000리 떨어진 곳이었다.

주지하는 바와 같이 고구려는 오늘날 요동에 있었다. 오늘날의 요하 동쪽, 압록강 유역에 있었다. 그런데 위 사료는 고구려는 요동에 있었다고 말하지 않고 요동으로부터 동쪽으로 1,000리 떨어진 곳에 있었다고 말하고 있다. 고대의 요동과 오늘날 요동이 동일한 곳이 아니었음을 분명하게 밝히고 있는 것이다. 여기서 말하는 1,000리가 요즈음의 거리로 얼마나 되는지 확실하게 알 수 없다. 하지만, 오늘날 요동으로부터 난하 유역까지는 상당히 먼 거리로서 1,000리로 표현할 수 있을 것이다.

요점

이 사료는 고대의 요동은 오늘날 요동보다 서쪽으로 멀리 떨어진 곳이었음을 알게 해준다. 앞에서 고대의 요동으로 확인된 갈석산 지역은 오늘날 요동으로부터 서쪽으로 멀리 떨어진 곳이다. 그 거리를 대략 1,000리라고 표현할 수 있을 것이다. 앞에서 고증된 고대 요동의 위치가 정확함을 알 수 있다.

사료 5
『삼국유사』 권3 「흥법」 〈순도조려〉

요수는 일명 압록인데 지금은 안민강이라 부른다.

요 수 일 명 압 록   금 운 안 민 강
遼水一名鴨淥, 今云安民江.

『삼국사기』 「고구려본기」에는 소수림왕 2년(서기 371년)에 고구려에 불교가 전해진 것으로 기록되어 있다. 위 사료는 그 사실을 더 자세히 설명하고 있다. 전진의 왕 부견이 승려 순도를 시켜 고구려에 불상과 경문을 전했다는 것이다. 『삼국유사』는 고구려에 불교가 전래된 과정을 설명하면서 요수에 대해서도 말하고 있다.

요수는 지난날 압록이라고 불리었는데, 지금은 안민강이라 불린다는 것이다. 일연 스님은 고려시대 사람이므로 요수가 안민강이라 불린 것은 고려시대이며, 압록이라 불린 것은 그보다 앞선 시대인 고구려시대였을 것임을 알 수 있다. 이로 보아 요수라는 강 이름은 중국인들이 붙인 이름이며, 그러한 강 이름이 붙여진 시기는 고구려시대이거나 그보다 그리 오래되지 않은 시기였을 것으로 추정된다.

요점
───

오늘날 요하는 원래 요수가 아니었다. 이 강을 고구려 사람들은 압록이라 불렀고 고려 사람들은 안민강이라 불렀다. 이로 보아 이 강의 원 이름은 압록강(또는 압록수)이었음을 알 수 있다. 오늘날 요하가 압록강이었다는 사실은 이 지역이 원래 한민족의 영토였음을 말해주는 것이기도 하다.

요동은 2가지 의미가 있다

개관

요동을 이해하는 데 반드시 알아두어야 할 사실은 요동에는 2가지 다른 뜻이 있다는 것이다. 하나는 중국의 동북부 국경지대를 일컫는 일반 의미의 요동이고, 다른 하나는 중국 행정구역으로서의 요동군이다. 중국인들은 이를 명확하게 구별하지 않고 요동이라고만 기록한 경우가 많으므로, 사료를 읽을 때 혼동을 일으키기 쉽다. 진·한시대에 요동군이 설치되어 있었는데, 그것은 진·한의 행정구역이었으므로 그들의 동북 국경 서부에 자리해 있었다. 그러나 일반 의미의 요동은 동북 국경지대의 땅을 의미하므로, 그들의 국경 밖 고조선의 서부 영토까지도 포함된 지역을 지칭하였다.

여기서 유념해야 할 사실은, 고대에는 행정구역인 요동군과 일반 의미의 요동이 거의 동일한 지역에 있었으나, 일반 의미의 요동이 오늘날 요동으로 이동한 뒤에는 일반 의미의 요동과 행정구역인 요동군은 멀리 떨어져 있게 되었다는 점이다. 오늘날 요서 지역이 중국의 영토가 됨에 따라 일반 의미의 요동은 오늘날 요하 동쪽으로 이동했지만, 요동군은 행정구역이기 때문에 행정구역의 개편으로 그 위치가 바뀌기까지는 예전처럼 난하 유역에 그대로 있을 수밖에 없었던 것이다.

여기서 풀어야 할 문제가 있다. 지금은 요하의 동쪽 지역을 요동이라 부르는데, 고대에도 그러했을까 하는 점이다. 다시 말하면, 요수라는 강 이름이 먼저 붙여진 뒤 그 동쪽 지역을 요동이라 불렀는지 요동이라는 지명이 먼저 생기고 그 지역을 흐르는 강을 요수(요하)라 불렀는지가 문제가 된다. 이 점은 지리고증에 영향을 준다. 요수의 동쪽 땅을 요동이라 불렀을 경우에는 요동에 요수 서쪽의 땅은 포함될 수 없지만, 요동 지역을 흐르는 강을 요수라 하였다면, 요수의 동서 양쪽 땅이 모두 요동일 수 있는 것이다.

지금은 요하의 동쪽 땅만을 요동이라 부르고 있지만, 고대에도 이와 동일했는지는 의문이다. 여기서 확인해야 할 점은 요동과 요수 가운데 어느 명칭이 먼저 등장했는가인데, 이는 매우 중요한 문제이다. 요동이라는 지명이 먼저 등장했다면, 그 지역을 흐르는 강을 요수라 불렀을 것이므로 요수의 동서 연안이 모두 요동이었을 것이다. 그런데 요수라는 강 이름이 먼저 생기고 그 강을 기준하여 요동이라는 명칭이 생겼다면, 요수 동쪽 지역만 요동에 속하고 요수 서쪽은 요서라 불리었을 것이다.

이 점에 대해서는 학자마다 견해가 다르지만, 많은 학자들은 요하라는 명칭이 먼저 생기고 그 동쪽 땅을 요동이라 불렀을 것으로 추정하고 있다. 이런 생각은 오늘날 요하와 요동의 관계에 기준한 것이다. 그러나 내가 확인한 바로는 요수라는 명칭이 오늘날 요하로 옮겨오면서부터는 요하를 기준 삼아 그 동쪽 땅만을 요동이라 부르게 되었고, 오늘날 난하가 요수였던 고대에는 요수의 동서 유역이 모두 요동에 포함되었다. 이로 보아 요동이라는 지명이 먼저 생긴 후에 그 지역을 흐르는 강을 요수라 불렀던 것으로 추정된다.

사료 1

『제왕운기』 권 하

요동에는 다른 하나의 세계가 있으니, 중국과는 완연히 구별되어 나뉘고 큰 파도 출렁출렁 삼면을 둘러쌌다.

요 동 유 별 유 일 건 곤　두 여 중 조 구 이 분　홍 도 만 경 위 삼 면
遼東有別有一乾坤, 斗與中朝區以分, 洪濤萬頃圍三面.

『제왕운기』 첫머리에 나오는 내용이다. 고조선의 위치를 설명하기 위해 먼저 만주와 한반도의 지리에 대해 말하고 있다. 요동에 중국과 구별되는 하나의 세계가 있다고 한 것으로 보아 여기서

말하는 요동은 중국 안의 요동군이 아님을 알 수 있다. 중국 영토 밖을 말하는 것으로서 일반 의미의 요동이다.

요점

일반 의미의 요동은 중국의 동북 지역 국경지대를 지칭하는데, 중국 영토 안은 물론 영토 밖까지 지칭한다. 그러므로 사료에서 요동이라는 지명이 나올 경우 그것을 모두 중국 영토로 인식하는 것은 잘못이다.

사료 2

『한서』 권28 「지리지」 하

요동군은 진(秦)나라에서 설치하였다. 유주에 속했다.

遼東郡, 秦置, 屬幽州.

　　요동군은 진나라에서 설치한 행정구역으로서 유주에 속했다. 그러므로 이 요동은 앞의 『제왕운기』에 등장하는 일반 의미의 요동과는 그 성격과 지리적 위치가 달랐음을 알 수 있다. 만약 이 요동군이 『제왕운기』에서 말한 요동과 같은 곳이라면, 진·한의 요동군 안에 고조선이 있었다는 것이 되는데, 이는 성립할 수 없는 것이다. 진나라에서 설치한 요동군은 한나라에 그대로 이어졌다.
다음 사료는 그것을 말해준다.

요점

일반 의미의 요동과는 달리 중국 행정구역으로서의 요동군이 있었다.

사료 3

『한서』 권40 「장진왕주전」

연왕 노관이 반기를 드니, 발(勃)은 상국으로서 번쾌 장군을 대신해서 계(薊)를 공격하여 함락시키고, 노관의 대장 지, 승상 언, 수 형, 태위 약, 어사대부 시도혼도 등을 붙잡았다. 노관의 군대를 상란에서 격파한 뒤 노관의 군대를 저양에서 공격하였으며, 이들을 추격하여 장성에 이르렀다. 이 과정에서 상곡 12현, 우북평 16현, 요동 29현, 어양 22현을 평정하였다.

연왕노관반 발이상국대번쾌장 격하계 득관대장지 승상언 수형
燕王盧綰反, 勃以相國代樊噲將, 擊下薊, 得綰大將抵, 丞相偃, 守陘,
태위약 어사대부시도혼도 파관군상란 후격관군저양 추지장성
太衛弱, 御史大夫施屠渾都. 破綰軍上蘭, 後擊綰軍沮陽, 追至長城,
정상곡십이현 우북평십육현 요동이십구현 어양이십이현
定上谷十二縣, 右北平十六縣, 遼東二十九縣, 漁陽二十二縣.

위 사료는 요동군은 만리장성의 서쪽에 있었음을 알게 해준다.

연왕 노관은 한나라를 건국한 한 고조 유방과 같은 마을에서 같은 날 태어난 가까운 친구로서, 한나라가 건국된 뒤 연왕으로 봉해졌다. 그런데 그는 한나라에 반기를 들었고 중앙정부의 공격을 받자 흉노로 도망갔다.

위 사료는 그러한 과정을 말하고 있다. 당시 한나라의 상국이었던 주발이 노관의 군대를 공격하여 격파하면서 만리장성에 이르렀다는 것인데, 그 과정에서 상곡군, 우북평군, 요동군, 어양군을 평정했다는 것이다. 그러므로 이들 군은 만리장성 부근 국경 지역에 있었음을 알 수 있다. 요동군도 그 가운데 하나였는데, 그 내용으로 보아 요동군을 포함한 이들 군들은 만리장성의 서쪽 즉 중국 영토 안에 있었다.

여기서 다음과 같은 사실을 확인할 수 있다. 그것은 국경인 만리장성 밖 동부 지역도 요동이라 불리었고 그 서부 지역도 요동이라 불리었다는 점이다. 진·한시대의 요동군은 만리장성 서쪽에 있었는데, 그 지역은 고대에 요수로 불리었던 오늘날의 난하 유역이다. 서한의 요동군은 29개의 현으로 구성되어 있었으므로 면적이 상당히 넓었을 것이다.

그런데 만리장성은 난하에서 그리 멀지 않은 곳에 있는 갈석산 지역에서 끝났으므로, 요동군은 난하의 동부와 서부 유역을 차지하고 있었다고 보아야 한다. 즉 고대의 요동은 요수의 동부와 서부 유역을 모두 차지하고 있었다. 이런 사실은 중국 동쪽의 국경 지대를 요동이라 부른 뒤에 그 지역을 흐르는 강을 요수라 불렀음을 알게 해준다. 요동이라는 명칭이 먼저 생긴 후에 그 지역을

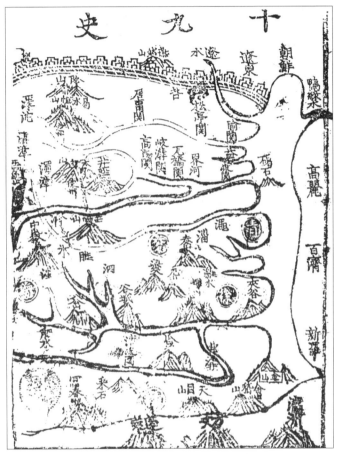

증선지(曾先之), 『십구사략통고(十九史略通考)』의 지도

조선이 만주에 표시되어 있으며, 만리장성, 요수, 요하가 모두 오늘날 요서에 표시되어 있다. 이 지도는 여러 시대의 역사를 함께 표시했기 때문에 한반도에는 고구려, 백제, 신라가 있다.

흐르는 강을 요수라 불렀음을 알 수 있는 것이다.

요점

진한시대의 요동군은 만리장성 서쪽 즉 난하 동부와 서부 유역에 걸쳐 자리해 있었다. 그리고 진·한의 영토 밖인 만리장성 동쪽 지역도 요동이라 불리었다. 이를 종합해 볼 때, 서로 성격이 다른 행정구역으로서의 요동과 일반 의미로서의 요동이기는 하지만, 진한의 국경 안과 밖, 요수의 서부와 동부 유역이 모두 요동으로 불리었음을 알 수 있다.

고조선의 영역은 한반도와 만주 전부였다

개관

안타깝게도 우리나라의 고대문헌에는 고조선의 영역에 관한 기록이 보이지 않는다. 그러나 중국의 고대문헌에는 이를 추정할 수 있는 기록들이 있다. 특히, 고조선의 서쪽 국경을 구체적으로 확인할 수 있는 기록들이 꽤 많이 보인다. 중국인들이 이런 기록을 남긴 것은 고조선에 관한 정보를 남기기 위한 것이기보다는 자신들의 역사를 기록하는 과정에서 그 관계를 언급하기 위한 경우가 대부분이다.

예컨대 중국의 고대문헌에는 진·한의 동북 국경을 말하면서 조선과 국경을 접하고 있었다고 밝히고 있다. 때문에 중국의 동북쪽 국경을 확인하면, 그곳이 바로 고조선의 서쪽 국경이 된다. 그런데 고조선의 북쪽과 동쪽 그리고 남쪽의 국경에 대해서는 분명한 기록을 찾을 수 없다. 이 지역은 중국으로부터 멀리 떨어져 있어서 중국인들이 그곳의 사정을 잘 알지 못했을 수도 있고, 중국과 관련된 일이 별로 없었기 때문에 기록에 남길 기회가 거의 없었을 수도 있다.

그러나 『삼국사기』와 『고려사』 등의 국내 문헌과 『후한서』 「동이열전」과 『삼국지』 「오환선비동이전」에 실려 있는 고조선의 뒤를 이은 여러 나라에 관한 기록을 통해, 고조선의 북쪽과 동쪽 및 남쪽의 국경을 추정할 수 있다. 즉, 북쪽은 아르군 강, 동북쪽은 흑룡강, 동쪽은 동해, 남쪽은 한반도 남부 해안으로 추정된다. 따라서 고조선의 영토는 서쪽으로는 오늘날 난하와 갈석산을 경계로 하여 오늘날 요서와 요동 및 북만주와 남만주를 포괄하고 한반도 남부에 이르렀을 것으로 추정되는 것이다.

이러한 결론은 13세기에 활동했던 중국 역사가 증선지의 『십구사략통고』에 실린 고대 조선의 지도와 일치하고, 비파형동검 출토지 분포와도 일치한다. 최근의 연구에 따르면 한민족의 복식자료 출토지 분포도 이와 일치한다. 비파형동검은 서기전 15세기경부터(학자에 따라서는 서기전 10세기 무렵으로 보기도 한다.) 사용되었던 고조선 중후기의 대표적 청동무기인데, 북경 근처로부터 요서, 요동을 거쳐 연해주와 한반도 남부 해안에 이르는 넓은 지역에서 출토된다.

당시 비파형동검은 최첨단 무기이기 때문에 지배층이 그 생산 기술을 독점하고 있었다. 따라서 비파형동검이 출토되는 지역은 하나의 지배세력이 통치한 지역으로 보아야 한다. 그리고 고대 한

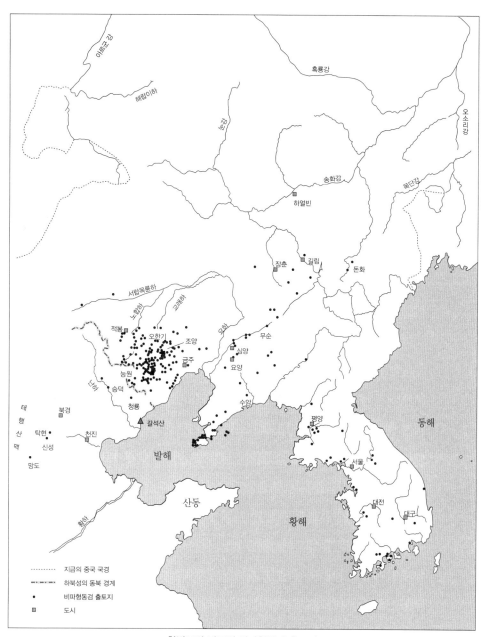

한반도와 만주의 비파형동검 출토지

민족의 복식자료가 출토된 지역은 한민족이 거주했음을 알게 하는 것으로서, 이들 출토 지역이 문헌에서 확인된 고조선의 영역과 일치한다는 것은 문헌고증이 틀리지 않았음을 증명해준다(윤내현·박선희·하문식 공저, 『고조선의 강역을 밝힌다』, 지식산업사, 2006. 참조).

사료 1
『후한서』 권85 「동이열전」 〈예전〉

예는 북쪽으로는 고구려와 옥저, 남쪽으로는 진한과 접하였고, 동쪽은 넓은 바다로 막혔으며, 서쪽은 낙랑에 이른다. 예 및 옥저, 고구려는 본래 모두 조선의 땅이다.

濊北與高句驪·沃沮, 南與辰韓接, 東窮大海, 西至樂浪. 濊及沃沮·句麗, 本皆朝鮮之地也.

　　예는 일반적으로 동예라 불리고 있는데, 동예의 북쪽에는 옥저와 고구려, 남쪽에는 진한이 있고, 동쪽은 넓은 바다, 서쪽으로는 낙랑에 이른다고 했다. 당시 옥저는 오늘날의 함경남북도, 진한은 경상북도, 낙랑(최리왕의 낙랑국)은 대동강 유역에 있었으므로, 예는 강원도 지역에 자리해 있었음을 알 수 있다. 여기서 중요한 것은 동예와 옥저, 고구려가 본래는 모두 고조선의 영토였다는 것이다.

『후한서』는 동한시대의 역사를 기록한 것이므로 이 시기의 고구려 영토를 보면, 오늘날 요동 지역과 평안북도 지역을 차지하고 있었다. 이 지역과 함경남북도, 강원도를 합한 지역이 모두 조선의 영토였던 것이다.

그렇다면 다음과 같은 의문이 생긴다. 앞에서 고조선과 진·한의 경계는 난하와 갈석산으로 확인되었는데, 고조선의 국명은 조선이었으므로 난하 유역의 조선과 동예, 옥저, 고구려 지역을 모두 차지하고 있었던 조선은 어떤 관계였을까.

우리는 몇 가지 가능성을 상정해 볼 수 있다. 첫째는 이들은 같은 나라로서 두 지역을 모두 합한 것이 조선의 영토인 경우, 둘째는 국명은 같지만 서로 다른 나라인 경우, 셋째는 조선이라는 나라가 난하 유역으로부터 한반도 북부로 이동한 경우, 넷째는 조선이라는 나라가 한반도로부터 난하 유역으로 이동한 경우 등이다. 뒤에 제시할 사료들은 고조선의 영토가 한반도와 만주 전 지역이었던 것으로 확인해준다. 그러므로 이 두 조선은 동일한 나라로서 고조선이었다고 보아야 할 것이다.

요점

오늘날 요동 지역, 평안남도, 함경남북도, 강원도 지역은 모두 조선의 영토에 포함되어 있었는데, 이 조선과 난하와 갈석산을 서쪽 국경으로 삼고 있었던 조선은 같은 나라로서 고조선이었다.

『삼국사기』 권1 「신라본기」 〈시조 혁거세거서간〉

일찍이 조선의 남겨진 백성들이 산의 계곡 사이에 나뉘어 거주하여
여섯 촌락이 되었다. 첫째는 알천 양산촌이고, 둘째는 돌산 고허촌이
며, 셋째는 자산 진지촌이고, 넷째는 무산 대수촌이며, 다섯째는 금
산 가리촌이고, 여섯째는 명활산 고야촌인데, 이들은 진한 6부가 되
었다. 고허촌장 소벌공이 양산 기슭을 바라보니 나정 옆 숲 사이에
말이 있는데, 무릎을 꿇고 앉아 울고 있으므로 바로 가서 그곳을 보
니, 홀연히 말은 보이지 않고 다만 큰 알만 있어서 그것을 쪼개니 어
린아이가 나왔다. 곧 그 아이를 거두어 길렀더니, 10여 세에 이르러
뛰어나게 영리하고 조숙하였다. 6부 사람들은 그 아이의 출생이 신
기하고 이상했던 까닭에 그를 높이 받들더니, 이때에 이르러 그를 세
워 임금으로 삼았다.

先是, 朝鮮遺民, 分居山谷之間爲六村, 一曰閼川陽山村, 二曰突山
高墟村, 三曰觜山珍支村, 四曰茂山大樹村, 五曰金山加利村, 六曰
明活山高耶村, 是爲辰韓六部. 高墟村長蘇伐公, 望楊山麓, 蘿井傍
林間, 有馬跪而嘶, 則往觀之, 忽不見馬, 只有大卵, 剖之, 有嬰兒
出焉, 則收而養之, 及年十餘世, 岐嶷然夙成, 六部人, 以其生神異,
推尊之, 至是立爲君焉.

신라를 건국한 사람들은 원래 조선의 백성들인데, 조선이 망한

뒤 그 유민(遺民 : 남겨진 백성)이 산 계곡 사이에 여섯 마을을 이루고 살면서 진한의 6부를 형성했다가 그 뒤 신라를 건국한 중심세력이 되었다는 내용이다.

일부 학자들은 이에 근거하여 이들이 한반도 북부로부터 경주 지역으로 이주한 사람들일 것으로 보고 있다. 고조선은 한반도 북부 대동강 유역에 있었다고 보기 때문이다. 이와 관련하여 유념해야 할 점은 고조선의 위치나 영역을 확인하는 데 있어서 그것이 대동강 유역에 있었다는 선입관이 작용해서는 안 된다는 것이다. 고조선의 영역이 경주 지역을 포괄했을 수도 있기 때문이다.

그리고 간과해서는 안 될 것은 조선의 '유민(流民)'이라 하지 않고 '유민(遺民)'이라 했다는 점이다. 다른 곳으로부터 흘러들어온 사람들이 아니라, 남겨진 주민들이라고 말하고 있는 것이다. 그러므로 이들은 고조선시대부터 한(삼한, 진한은 한의 일부였다)시대를 거쳐 신라시대까지 줄곧 경주 지역에 살았던 토착세력이었다고 보아야 한다. 이렇게 보면, 경주 지역은 고조선의 영토에 포함되어 있었다는 것이 된다. 한반도 남부까지 고조선의 영토였던 것이다.

요점

신라를 건국한 사람들은 고조선의 남겨진 백성들이었다고 하므로 경주를 포함한 한반도 남부까지 고조선의 영토였을 것이다.

사료 3

『고려사』 권56 「지리지」〈강화현〉

마리산은 부의 남쪽에 있다. 산마루에는 참성단이 있는데, 세간에 전하기를 단군이 하느님에게 제사지내던 단(壇)이라고 한다.

전등산은 삼랑성이라고도 한다. 세간에 전하기를 단군이 그의 세 아들을 시켜서 이것을 쌓게 하였다고 한다.

^{마 리 산　재 부 남　산 정 유 참 성 단　세 전 단 군 제 천 단}
摩利山, 在府南, 山頂有塹星壇, 世傳檀君祭天壇.

^{전 등 산　일 명 삼 랑 성　세 전 단 군 사 삼 자 축 지}
傳燈山, 一名三郎城, 世傳檀君使三子築之.

위의 『고려사』에 따르면, 고려 원종 5년(1264년) 왕이 친히 이곳에서 하늘에 제사를 지냈다고 한 것으로 미루어, 참성단은 이보다 훨씬 이전에 축조됐을 것이다. 전등산(오늘날 정족산)에 있는 삼랑성은 그 축조 기법이 삼국시대의 성과 비슷하다 하여 삼국시대의 성으로 추정하는 견해도 있다. 하지만 단군과 관련된 기록이 있다는 점을 간과해서는 안 된다. 그리고 고조선의 축조 기법이 삼국시대로 이어졌기 때문에 그렇게 보일 수도 있고, 삼국시대에 보수를 했을 수도 있는 것이다.

위의 내용은 『고려사』에 실려 있으므로 그 신빙성을 인정해도 좋을 것이다. 고조선의 영토 밖에 단군이 제천단과 삼랑성을 쌓지는 않았을 것이므로, 이 지역도 고조선의 영토에 포함되어 있었다고 보아야 한다.

요점

강화도 지역도 고조선의 영토에 포함되어 있었을 것이다. 앞에 소개한 『삼국사기』「신라본기」〈시조 혁거세거서간〉조의 신라 건국에 관한 기록과 『고려사』〈강화현〉조의 참성단과 삼랑성에 관한 기록을 종합해 볼 때, 고조선의 영토는 한반도 남부까지였을 가능성이 크다.

사료 4

『후한서』권85 「동이열전」〈고구려전〉

동이들이 서로 전해오기를 부여와 갈라진 종족이라 한다. 그러므로 언어와 법속이 거의 같다.

동 이 상 전 이 위 부 여 별 종   고 언 어 법 칙 다 동
東夷相傳以爲夫餘別種, 故言語法則多同.

사료 5

『삼국지』권30 「오환선비동이전」〈고구려전〉

동이들의 옛말에 이르기를 그들은 부여와 갈라진 종족이라 한다. 그러므로 언어와 여러 가지 일들이 여러 면에서 부여와 같다.

東夷舊語以爲夫餘別種, 言語諸事, 多與夫餘同.

위의 『후한서』와 『삼국지』 「오환선비동이전」 〈고구려전〉은 같은 사실을 전하고 있다. 동이들은 부여와 같은 뿌리에서 갈라진 종족들이며, 그렇기 때문에 언어나 법속 등 여러 가지 일들이 서로 비슷하다는 내용이다. 여기서 말하는 동이는 『후한서』 「동이열전」과 『삼국지』 「오환선비동이전」에 실려 있는 동이로서, 부여, 고구려, 읍루, 옥저, 예, 한 등을 말한다.

이들이 뿌리가 같다는 것은, 서로 나누어지기 전에는 같은 공동체에 속했다는 것을 의미한다. 그런데 언어와 법속 등 여러 가지 일들이 같아지려면, 오랜 기간 동일한 공동체에서 생활하면서 깊은 교류를 가져야 한다. 이들이 나누어지기 전에 이들을 모두 아우른 공동체는 고조선일 수밖에 없다. 이렇게 보면 고조선의 영역은 한반도와 만주 전 지역이었다고 볼 수밖에 없다.

요점

『후한서』 「동이열전」과 『삼국지』 「오환선비동이전」에서 동이라 불리어진 부여, 고구려, 읍루, 옥저, 예, 한 등의 뿌리는 고조선이었고, 이들이 자리한 한반도와 만주 전 지역은 고조선의 영토였을 것이다.

사료 6

『후한서』 권85 「동이열전」 〈부여국전〉

섣달에 하느님에게 제사를 지내는데, 큰 모임이 날마다 계속되면서 마시고 먹고 노래하고 춤을 추었다. 그 이름을 영고라 한다. 이때에는 형벌과 옥사(獄事)를 중단하고 갇혀 있는 죄수들을 풀어주었다.

이 납월제천　대회연일　음식가무　명왈영고　시시단형옥　해수도
以臘月祭天, 大會連日, 飮食歌舞, 名曰迎鼓. 是時斷刑獄, 解囚徒.

사료 7

『후한서』 권85 「동이열전」 〈고구려전〉

10월에 하느님에게 제사를 지내는 큰 모임을 갖는데, 그 이름을 동맹이라 한다.

이 십월제천대회　명왈동맹
以十月祭天大會, 名曰東盟.

사료 8

『후한서』 권85 「동이열전」 〈예전〉

항상 10월에 하느님에게 제사를 지내는데, 밤낮으로 술을 마시고 노

래하고 춤을 추었다. 그 이름을 무천이라 한다.

상 용 십 월 제 천　　　주 야 음 주 가 무　　　명 지 위 무 천
常用十月祭天, 晝夜飮酒歌舞, 名之爲舞天.

사료 9

『후한서』 권85 「동이열전」 〈한전〉

항상 5월이면 농사일을 끝내고 귀신에게 제사를 지내는데, 밤낮으로
술자리 모임을 갖고 무리를 지어 노래하고 춤을 추었다. 춤은 번번이
수십 명이 서로 따라 하였으며 절도 있게 땅을 밟았다. 10월에 농사
의 수확을 끝내고 다시 이와 같이 반복하였다.

상 이 오 월 전 경 제 귀 신　　　주 야 주 회　　　군 취 가 무　　　무 첩 수 십 인 상 수　　　답 지
常以五月田竟祭鬼神, 晝夜酒會, 群聚歌舞, 舞輒數十人相隨, 踏地
위 절　　　시 월 농 공 필　　　역 복 여 지
爲節. 十月農功畢, 亦復如之.

　위에 소개된, 부여의 영고, 고구려의 동맹, 동예의 무천, 한의 5
월제와 10월제에 관해서는 잘 알려져 있다. 부여에서는 12월에,
고구려와 동예에서는 10월에, 한에서는 5월과 10월에 하느님에게
제사를 지내는 의식이 행해졌다. 이 기간에는 거국적인 대회가 열
리고 여러 날을 계속해서 음식을 먹고 술을 마시고 춤을 추면서
즐겼으며, 죄수들에게도 특별사면을 베풀었다.

동일한 내용이『삼국지』「오환선비동이전」에도 실려 있다. 나라에 따라 명칭은 다르지만, 동일한 종교의식과 풍속이 북만주에 있었던 부여로부터 한반도 남부에 있었던 한에 이르기까지 모든 지역에서 행해졌다는 것은 이 지역 거주민들이 원래 같은 나라에 속해 동일한 종교의식과 풍속을 가지고 살았을 것임을 알게 해준다. 이 지역은 이들 나라보다 앞서 있었던 고조선의 영토였기 때문에, 이 지역 주민들은 같은 정치제제 속에서 깊은 문화 교류를 하면서 같은 성격의 문화를 갖게 되었을 것이다.

요점

열국시대에 북만주로부터 한반도 남부에 이르는 지역에서 비록 나라는 다르면서도 영고, 동맹, 무천, 5월제와 10월제라는 동일한 성격의 종교의식과 풍속이 행해지고 있었던 것으로 보아, 이전에 이들은 하나의 공동체 즉 고조선의 구성원이었음을 알 수 있다. 바꾸어 말하면 이들이 자리했던 북만주로부터 한반도 남부까지 고조선의 영토였다고 보아야 할 것이다.

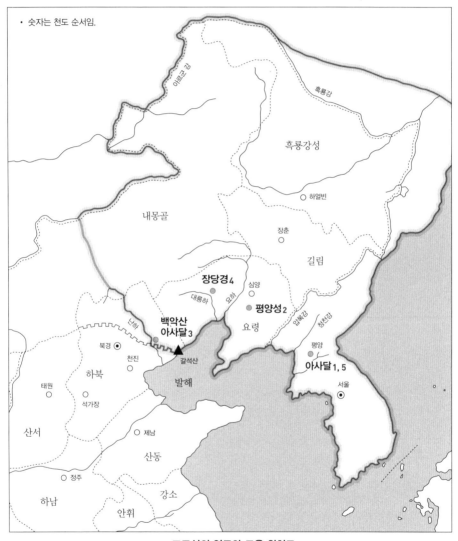

• 숫자는 천도 순서임.

흑룡강

이르쿠 강

흑룡강성

허얼빈

내몽골

장춘

길림

장당경 4   심양

대룡하   요하

평양성 2

백악산
아사달 3   난하   압록강   청천강

북경   요령

천진   평양

갈석산   아사달 1, 5

하북   발해

태원   서울

석가장

산서   제남

산동

정주   강소

하남   안휘

고조선의 영토와 도읍 위치도

기자는 조선의 거수였다

개관

기자는 상나라 왕실의 후예로서 기국에 봉해졌던 자(子)라는 작위를 받은 상나라 제후였다. 기국은 그 동안의 유물출토 정황으로 보아 산동성 지역에 있었던 것으로 추정된다. 기자는 그의 조국 상나라가 주족에 의해 멸망되자, 조선으로 망명하였다고 전해오는 인물이다.

『사기』 등의 문헌에 주나라 무왕이 기자를 조선에 봉했다고 기록되어 있는 것에 근거하여, 고려시대와 조선시대 학자들 가운데는 기자가 조선에 와서 통치자가 되었을 것으로 인식한 사람들이 있었다. 기자가 봉해짐으로써 고조선은 끝이 나고 기자조선이 시작되었다는 것이다. 이러한 견해는 고려시대에 출현하여 근세 조선시대로 이어져 통설이 되었다. 유교가 정치와 학문의 지도 이념으로 자리를 잡고 모화사상이 팽배해진 사회상황이 크게 작용한 것이다.

그 뒤 '기자동래설'을 부인하는 학자들이 나타나 그 옛날 기자가 황하 유역에서 멀리 조선으로 왔다는 것은 있을 수 없다고 주장했다. '기자동래설'은 중국인들이 주변 민족의 역사를 중국 중심으로 꾸미기 위해 만들어낸 허구라고 본 것이다. 이러한 견해를 가진 학자들 가운데는 기자라는 인물의 존재까지 부인하는 이도 있다. 기자를 실존하지 않은 전설적 인물로 본 것이다.

'기자동래설'을 부인하기 시작한 시기는 일제 때인데, 광복 후에는 그러한 주장이 당연한 것으로 받아들여졌다. 그런 주장의 밑바탕에는 비록 기자가 중국에서 어진 인물로 평가받는다 하더라도, 한민족이 중국인의 지배를 받았다는 것은 자존심을 상하게 하는 것이라는 의식이 작용하고 있었다.

일제시대와 광복 뒤에는 유학의 권위가 조선시대처럼 강하지 못했다는 점도 일정 부분 작용했다. 현재 통용되는 한국사 체계에는 기자는 삭제되었으나 그 후손인 준왕은 고조선의 왕으로 소개되어 있다. 이 점은 북한에서도 마찬가지다.

기자의 존재나 '기자동래설'을 부인하려면, 그것을 뒷받침할 수 있는 분명한 논리가 있어야 한다. 또한 그런 논리를 세우기 위해서는 근본적이고 치밀한 연구가 있어야 한다. 그러나 그렇지 못했다. 갑골문, 청동기명문 등에는 기자와 관계된 기록들이 보이고, 고대 중국의 여러 문헌에 기자가 등장한다. 이런 기자를 부정하는 것은 사료를 부정하는 것이다. 그러므로 기자에 관한 사료를 재검토해볼 필요가 있다.

사료 1

『논어』 「미자」

미자는 그곳을 떠나고, 기자는 노예가 되었으며, 비간은 간하다가 죽임을 당했으니, 은[殷: 상(商)]나라에는 세 명의 어진 사람이 있었다.

미자거지　기자위지노　비간간이사　은유삼인언
微子去之, 箕子爲之奴, 比干諫而死, 殷有三仁焉.

　미자, 기자, 비간은 상나라 왕실의 후예로서 상나라 말기 주왕(紂王) 때 살았던 인물들이다. 상나라 주왕이 음탕하고 포악한 정치를 하자, 비간은 바른 정치를 하도록 주왕에게 간했는데, 주왕은 '감히 왕에게 간하는 비간은 간을 몇 개나 가졌는지 보겠다.'며, 그를 죽여 배를 가르고 간을 꺼내 젓을 담갔다고 한다. 이 소식을 들은 미자는 놀라 도망을 쳤고, 기자는 거짓으로 미친 척하다가 감옥에 갇혔다는 것이다.

　공자는 이들을 은나라 말기 세 사람의 어진 인물들이었다고 말하고 있는 것이다. 따라서 기자는 공자가 어진 인물로 평가할 정도의 역사적 인물이었다. 그러므로 유학자들에게 기자는 매우 존경받아야 할 대상이었다. 이러한 기자에 대한 평가는 한국 고대사 인식에 적지 않은 문제를 안겨주었다. 뒤에서 살피겠지만, 기자에 대한 인식을 바르게 하지 않고는 한국 고대사의 체계를 바로잡을 수 없다. 기자의 존재를 부인하는 것이 능사는 아니다.

요점

기자는 갑골문과 청동기명문 및 여러 문헌에 등장하는 것으로 보아 실존인물이었다고 보아야 한다. 역사 복원은 사료에 따라야 하는데, 사료를 부인하거나 아전인수 식으로 해석하는 것은 역사 연구의 올바른 길이 아니다.

사료 2
『사기』 권4 「주본기」

상나라의 주왕의 아들 녹보를 봉하여 은의 남겨진 백성을 다스리도록 하였다. 주나라의 무왕이 은(상)을 평정한 초기라서 사회가 안정되지 않아 곧 그의 동생 관숙 선과 채숙 도로 하여금 녹보를 도와 은을 다스리도록 하였다. 그리고 소공 석에게 명하여 갇혀 있는 기자를 풀어주었다.

封商紂子祿父殷之餘民, 武王爲殷初定未集, 乃使其弟管叔鮮·蔡
叔度相祿父治殷, 而已命召公釋箕子之囚.

주족의 무왕은 상나라의 마지막 왕인 주왕(갑골문에는 帝辛으로 기록되어 있다)과의 전쟁에서 승리하여 상나라를 멸망시킨 뒤 그 지역의 통치 방법으로 간접 통치 방법을 택했다. 무왕은 주왕의 아들인 무경 녹보에게 상나라 도읍 지역의 백성을 통치하도록 하고 자신의 동생들인 관숙 선, 채숙 도, 곽숙 처[處: 『죽서기년(竹書紀年)』에는 곽숙 처가 추가되어 있다) 등을 그 주변에 봉하여 무경 녹보의 통치를 돕도록 하였다. 이는 사실상 무경 녹보를 감독하기 위한 것이었다. 이를 '삼감(三監)'이라 부르며 무왕의 '삼감정치'라고도 한다.

이때에 이미 무왕은 자신의 동생 소공 석에게 명하여 상나라의 주왕이 감옥에 가두고 있었던 기자를 풀어주도록 했다. 소공 석은 연나라의 제후로 봉해진 인물인데, 연나라는 진시황제가 중국을 통일하기 직전까지 중국의 가장 동북쪽에 자리하여 고조선과 국경을 맞대고 있었다.

기자가 망명지를 조선으로 선택한 것은 그곳이 살기 좋은 곳이기도 했겠지만 소공 석의 연나라와 지리적으로 가까운 곳이라는 점도 작용했을 것이다. 소공 석과 기자 두 사람 사이에는 감옥에서 꺼내준 일로 말미암아 두터운 인간관계가 형성되어 있었을 것이기 때문이다.

요점

기자는 『사기』 「주본기」에도 등장하는 인물이다. 상의 주왕이 그를 감옥에 가두고 있었는데, 주 무왕의 명을 받은 소공 석이 그를 풀어주었다는 구체적인 사실까지 기록되어 있다. 기자는 실존인물이었다고 보아야 할 것이다.

사료 3
『사기』 권38 「송미자세가」

이때 무왕은 기자를 조선에 봉했다. 그러나 신하는 아니었다.

어 시 무 왕 내 봉 기 자 어 조 선 이 불 신 야
於時武王乃封箕子於朝鮮而不臣也.

주 무왕은 상나라를 멸망시킨 뒤 상벌을 논하고 제후국을 정하였는데, 이때에 기자를 조선에 봉했다는 내용이다. 그러나 기자는 무왕의 신하는 아니라고 했다. 무왕이 기자를 조선에 봉했다면, 그는 주나라의 제후로 조선에 봉해진 것이므로 당연히 무왕의 신하여야 한다. 그런데 사마천은 무슨 까닭으로 기자는 무왕에 의해 봉함을 받았다고 하면서도 무왕의 신하는 아니었다고 기록했을까.

지난날 일부 학자들은 기자가 많은 사람들로부터 존경받는 어진 인물이었기 때문에 주 무왕이 그를 신하의 예로 대하지 않았다는 뜻으로 해석했다. 만약 그렇다면 사마천은 왜 그런 설명을 하지 않았을까. 사료 해석에서 중요한 것은 기록된 내용을 그대로 받아들여야 한다는 점이다. 자의로 추측하거나 윤색해서는 안 된다. 사마천이 기자는 주 무왕의 신하는 아니었다고 말한 의도는

『상서대전』의 기록이 풀어준다.

요점

기자는 주 무왕의 신하가 아니었다. 기자가 주 무왕의 신하가 아니었다면, 무왕이 기자를 조선에 봉했다는 것은 지극히 형식적인 표현에 지나지 않는다고 보아야 할 것이다.

사료 4

『상서대전』 권2 「은전」〈홍범〉

무왕은 은(상)나라에 승리하고 공자 녹보로 하여금 은을 계승하도록 했으며 갇혀 있는 기자를 풀어주었는데, 기자는 주나라에 의해 석방된 것을 참을 수가 없어서 조선으로 도주하였다. 무왕은 그 소식을 듣고서 그를 조선에 봉하였다. 기자는 이미 주나라로부터 봉함을 받았으므로 신하로서의 예가 없을 수 없어서 (무왕) 13년에 인사를 왔는데, 무왕은 그가 인사 온 기회에 홍범에 대해 물었다.

武王勝殷, 繼公子祿父, 釋箕子之囚, 箕子不忍爲周之釋, 走之朝鮮. 武王聞之, 因以朝鮮封之. 箕子旣受周之封, 不得無臣禮, 故於十三祀來朝, 武王因其朝而問洪範.

주 무왕은 상나라의 주왕과 벌인 전쟁에서 승리한 뒤 상나라 지역을 직접 통치하지 않고 주왕의 아들 녹보로 하여금 상 왕실을 계승하여 그 지역을 다스리도록 하였다. 그러나 무왕은 녹보에게 통치의 전권을 주지 않았고 자신의 동생들로 하여금 녹보를 감시하게 했다. 녹보 정권은 사실상 주족의 허수아비와 다름없었던 것이다. 이 점은 앞에서 말한 바 있다. 이때에 무왕은 상의 주왕이 옥에 가두고 있었던 기자를 풀어주었다.

그러나 상 왕실의 후예인 기자는 주의 무왕에 의해 자신이 석방된 것을 기뻐하기보다는 오히려 자신의 조국 상나라가 멸망하고 또 자신이 주족에 의해 구출된 것을 부끄럽게 생각하고 이를 참을 수가 없어서 조선으로 도주했다. 무왕은 기자가 조선으로 도주했다는 소식을 듣고서 그를 조선에 봉했다. 기자는 무왕으로부터 봉함을 받았으므로 신하로서의 예를 행하지 않을 수 없어서 무왕 13년 되던 해에 인사차 주 왕실을 방문했으며, 이 기회에 무왕은 기자에게 정치의 대요인 홍범에 대해서 물었다. 기자는 무왕에게 홍범에 대해 강의할 정도로 식견이 높은 인물이었던 것이다.

위의 내용에서 기자가 조선으로 간 것은 주 무왕의 봉함을 받아서가 아니라, 그의 조국 상나라가 주족에게 멸망당하고 또 그 자신이 주족에 의해 구출된 것을 부끄럽게 여겨 그 자신의 결정으로 조선으로 망명한 것이다. 그러므로 무왕이 기자를 조선에 봉했다는 것은 지극히 의례적인 표현에 지나지 않는다.

무왕의 처지에서 생각해 보면, 기자는 그의 도움을 받았으므로 마땅히 감사해야 할 텐데, 오히려 조선으로 도주했으니 괘씸하기

짝이 없었을 것이다. 그러나 당시에 기자는 존경받는 인물이었으므로 무왕은 그가 도주한 죄를 묻지 않고 그곳에 살도록 허락했다는 의미라고 보아야 할 것이다.

『사기』「주본기」에 "무왕은 기자를 조선에 봉했으나 신하는 아니었다."라고 한 기록은 이런 사정을 말하는 것이다. 사마천은 무왕과 기자의 관계를 정확하게 표현했다고 보아야 한다. 기자가 조선으로 망명한 시기는 상나라와 주나라의 교체기로서 서기전 12, 11세기 무렵이므로 이 시기에 고조선은 중국인들에게 이미 알려져 있었음을 알 수 있다.

뒤의 사료에서 확인되겠지만 기자와 그의 후손들은 조선후라고 불리었는데 이는 조선에 봉해진 주나라의 제후라는 뜻일 수도 있고 고조선의 제후라는 뜻일 수도 있다. 지난날 일부 학자들은 이를 조선에 봉해진 주나라의 제후라는 뜻으로 받아들였다. 그러나 위의 사료들을 통해 볼 때 그렇지 않음을 알 수 있다. 당시 고조선은 독립국이었으므로 고조선으로 망명한 기자가 주나라의 제후였을 수는 없다. 그러므로 '조선후'란 고조선의 제후라는 뜻으로 보아야 한다.

요점

기자는 주 무왕의 봉함을 받아 조선으로 간 것이 아니라, 스스로의 결단으로 주족의 정권을 피해 조선으로 망명하여 고조선의 제후가 되었다. 그래서 기자와 그 후손들은 '조선후'라 불리었다. 그러므로 주 무왕이 기자를 조선에 봉했다는 것은 지극히 의례적인 표현에 지

나지 않는다고 보아야 할 것이다. 고조선은 조선이라는 명칭으로 서
기전 12세기에 이미 중국인들에게 알려져 있었다.

기자의 망명지는 난하 유역이다

개관

　중국 문헌에는 기자가 망명하여 정착했던 곳의 위치를 확인할
수 있는 분명한 기록들이 보인다. 그곳은 뒤에 낙랑군의 조선현이
된 지역이다. 낙랑군에는 조선현과 함께 수성현이 있었는데, 수성
현은 난하 유역의 갈석산 지역에 있었다고 기록되어 있다. 그러므
로 낙랑군은 갈석산과 그 주변 지역을 포괄하고 있었고, 조선현은
그 안에 자리하고 있었다. 조선현은 난하 하류 유역 갈석산 부근
에 있었던 것이다.
　일부 학자들은 낙랑군의 위치를 대동강 유역으로 여기고 조선
현도 그곳에 있었을 것으로 보았는데, 그것은 잘못 고증된 것이
다. 한사군의 하나인 낙랑군이 설치되어 있던 시기에 대동강 유역

에는 최리왕이 다스리던 낙랑국이 있었다. 낙랑국에 관해서는『삼국사기』「고구려본기」〈대무신왕〉조에 실려 있다. 한나라의 행정구역인 낙랑군과 독립국인 낙랑국이 같은 곳에 겹쳐서 존재할 수는 없는 것이다. 그렇다면 낙랑이라는 명칭이 난하 유역에서는 한나라의 행정구역 명칭으로, 대동강 유역에서는 독립국 명칭으로 사용되었다는 것이 되는데, 무엇 때문에 그렇게 되었을까.

고대에는 어느 지역 종족이 다른 곳에 이주하여 정착하면, 그곳도 이전의 지명과 동일한 명칭을 얻는 경우가 많았다. 낙랑은 원래 고조선 영토 안에 있었던 하나의 지명이었고, 낙랑 사람 일부가 다른 곳으로 이주하여 정착함으로써 그곳도 낙랑이라 불리어졌을 것이다. 즉 낙랑 사람들이 난하 유역에도 살았고 대동강 유역에도 살았는데, 한나라가 난하 유역의 낙랑 사람들 거주지를 차지하고는 그 지역에 낙랑군이라는 행정구역 명칭을 붙였고, 대동강 유역의 낙랑 사람들도 나라를 세우고 낙랑이라는 국호를 붙였을 것이다.

여기서 분명히 알아야 할 것은 기자의 존재나 그의 조선 망명을 부인하면, 그 뒤를 이은 위만조선과 한사군 문제를 올바르게 풀 수가 없다는 것이다. 위만조선, 한사군 등은 기자국(기자조선)의 뒤를 이었으므로, 기자의 망명지 위치가 밝혀져야만 그것을 바탕으로 그들의 위치도 분명해지고 그 성격도 명확해진다. 그런데 기자의 망명을 부인하면서 이와 연속선상에 있는 위만조선과 한사군을 한국사에 끌어들이는 잘못을 저지르고 있는 것이 우리의 현실이다.

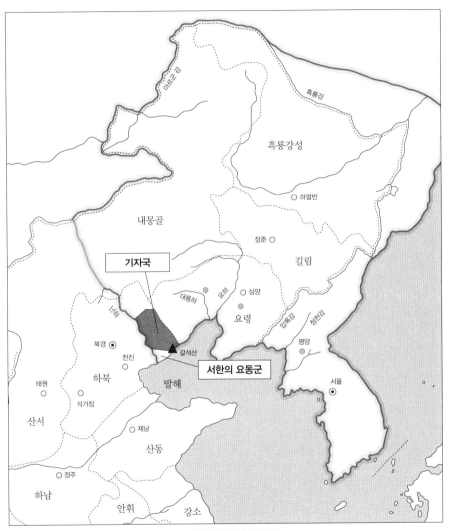

기자국(기자조선) 위치도

『한서』 권28 「지리지」 하 「낙랑군」 '조선현'에 대한 주석

[낙랑군의 조선현에 대해] 응소는 말하기를, 무왕은 기자를 조선에 봉했다고 하였다.

_{응 소 왈 무 왕 봉 기 자 어 조 선}
應劭曰, 武王封箕子於朝鮮.

한나라 무제는 위만조선을 멸망시킨 뒤 그 지역에 한사군[또는 한군현(漢郡縣)]을 설치했는데, 낙랑군, 진번군, 임둔군, 현도군 등이 그것이다. 『한서』「지리지」에 따르면, 낙랑군에는 25개의 현이 있었고, 그 가운데 하나가 조선현이었다. 응소의 설명에 따르면 이 조선현은 옛날 주 무왕이 기자를 봉했던 곳이다. 응소는 동한의 학자로서 『한관의(漢官儀)』 등을 저술한 제도에 밝은 인물이었다. 기자가 망명한 시기는 서주 초로서 서기전 1100년 무렵이고 한사군의 하나인 낙랑군은 서기전 108년에 설치되었으므로, 옛날 서주 초에 기자가 망명하여 정착했던 조선은 뒤에 한사군의 하나인 낙랑군 조선현이 되었다.

고려와 근세조선의 학자들은 기자가 망명했던 조선은 한반도에 있었다고 인식하고 기자의 망명지를 오늘날의 평양이었을 것으로 보았다. 고조선의 도읍을 오늘날 평양으로 보고 기자는 당연히 고조선의 도읍지로 망명했을 것으로 믿었던 것이다. 이런 인식은 사료에 근거한 것이 아니라 당시 상황이 크게 작용한 것이라고 생각한다.

첫째는, 고려 이후 한민족의 영토는 한반도를 벗어나지 못했기 때문에 고조선의 역사도 한반도로 국한해서 인식하는 경향이 있었다. 둘째는, 유학이 정치와 학문의 지도 이념으로 자리 잡으면서 모화사상이 팽배해져 기자를 조선에 봉했다는 기록을, 바로 기자가 고조선의 통치자가 되었다는 뜻으로 이해했던 듯하다. 기자가 망명했던 곳을 찾기 위해서는 낙랑군의 조선현 위치를 확인해야 한다.

요점

기자가 망명했던 조선은 훗날 한사군의 하나인 낙랑군 조선현이 된 지역이다. 그러므로 조선현의 위치를 찾아야 할 필요가 있다. 한대의 현은 군 아래 있던 행정구역으로서 그 면적은 대략 지금의 한국의 군보다 넓지 않은 면적이었다는 점을 참고할 필요가 있다.

사료 2
『진서』 권14 「지리지」 상 〈낙랑군〉 '조선현'에 대한 주석

조선현은 주나라가 기자를 봉한 땅이다.

조선현 주봉기자지
朝鮮縣, 周封箕子地.

『진서』는 중국이 위, 촉, 오로 나뉘어 있던 삼국시대를 마감하고 통일을 이루었던 진(晉)나라의 역사서이다. 『진서』「지리지」〈낙랑군〉'조선현'조의 주석에 조선현은 주나라가 기자를 봉한 땅이었다고 기록되어 있다. 이것은 위의 『한서』「지리지」〈낙랑군〉'조선현'조에 응소가 "무왕이 기자를 조선에 봉했다."고 주석한 것과 같은 뜻이다.

이 기록은 2가지 사실을 분명하게 해준다. 첫째는, 『한서』「지리지」에서 밝힌 기자가 망명해 정착한 곳이 훗날 낙랑군 조선현이 된 곳이라는 사실을 다시 한 번 확인해 준다. 둘째는, 낙랑군 조선현의 위치가 서한시대부터 진(晉)시대까지 변화가 없었다는 것이다. 그러므로 낙랑군 조선현의 위치를 확인하는 데 이 기간의 기록은 모두 유용하다.

요점

한사군의 하나인 낙랑군 조선현은 옛날 기자가 망명하여 정착한 곳이다. 『진서』「지리지」의 기록은 『한서』「지리지」의 낙랑군 조선현조에 응소가 주석한 내용을 다시 한 번 확인해 줌으로써 그 신빙성을 한층 높여 준다.

사료 3

『위서』 권106 「지형지」 상 〈북평군〉 조선현에 대한 주석

조선현은 서한과 동한 시대로부터 진(晉)시대에 이르기까지 낙랑군에 속해 있었다. 그 뒤 폐지되었다. 연화 원년(서기 432년)에 조선현의 주민들을 비여현으로 이주시켜 조선현을 다시 설치하여 북평군에 속하게 하였다.

<ruby>二漢<rt>이 한</rt></ruby>·<ruby>晉屬樂浪<rt>진 속 낙 랑</rt></ruby>, <ruby>後罷<rt>후 파</rt></ruby>. <ruby>延和元年徙朝鮮民於肥如<rt>연 화 원 년 사 조 선 민 어 비 여</rt></ruby>, <ruby>復置<rt>복 치</rt></ruby>, <ruby>屬焉<rt>속 언</rt></ruby>.

『위서』는 진(晉)나라 다음 시대인 남북조시대의 북위(北魏) 역사서이다. 『위서』「지형지」에는 낙랑군은 보이지 않고 조선현에 대해서 진나라 이후에 폐지되었다가 북위시대에 그 주민들을 비여현 지역으로 이주시키고 다시 설치하여 북평군에 속하게 했다는 기록이 보인다. 따라서 북위시대에 조선현은 낙랑군에 속한 것이 아니라 북평군에 속해 있었고, 그 위치는 그 전보다 서쪽으로 옮겨져 있었다.

이런 변화는 고구려에 의한 한사군의 축출과 관계가 있다. 고구려는 미천왕 12년에 요동군을 치고 14년(313년)에는 낙랑군을 축출하여 이 시기에 한사군을 모두 몰아냈다. 중국을 재통일한 왕조였던 진나라는 317년까지 존속하다가 남방으로 밀려가고, 화북지역은 흉노(匈奴), 갈(羯), 선비(鮮卑), 저(氐), 강(羌) 등의 북방 이민족이 침입하여 16개의 왕조가 흥망을 거듭하는 이른바 '5호16국 시대'가 되었다가, 화북 지역은 선비족이 세운 북위가 통일하고 남방의 한족정권은 송(宋), 제(齊), 양(梁), 진(陳) 등의 왕조로 바뀌었다.

역사학자들은 317년까지의 진(晉)나라를 서진(西晉)이라 부르고 남방으로 밀려간 진나라를 동진(東晉)이라 부르며, 북위와 동진이 병립하던 시기를 남북조시대라 부른다. 그러므로 낙랑군과 조선현은 서진 말기에 고구려의 축출로 없어졌다가, 북방을 통일한 북위가 조선현 주민들을 비여현 지역으로 이주시켜 그곳에 조선현을 다시 설치했던 것이다. 조선현은 서진 말까지는 원래 위치에 그대로 있다가 북위시대에 다른 곳으로 옮겨졌던 것이다.

요점

조선현은, 서진 말기 313년(고구려 미천왕 14년)에 고구려의 낙랑군 축출로 없어졌다가, 432년(연화 원년)에 북위가 비여현 지역으로 옮겨 다시 설치하였다. 비여현은 서한시대부터 있었던 현 이름으로서 오늘날 난하 유역에 있었다. 조선현의 원래 위치는 이보다 동쪽에 있었을 것이다.

사료 4

『태강지리지』

[『사기』 권2 「하본기」의 갈석에 대한 주석인 「사기집해」에 수록]

『태강지리지』에 말하기를, 낙랑군 수성현에는 갈석산이 있는데, 장성(진장성, 만리장성)이 시작된 곳이라 하였다.

<ruby>太康地理志<rt>태 강 지 리 지</rt></ruby><ruby>云<rt>운</rt></ruby>, <ruby>樂浪遂城縣有碣石山長城所起<rt>낙 랑 수 성 현 유 갈 석 산 장 성 소 기</rt></ruby>.
『太康地理志』云, 樂浪遂城縣有碣石山長城所起.

『태강지리지』는 진(晉)시대의 지리서이다. 이 책에 낙랑군 수성현에 갈석산이 있다고 했는데, 『한서』 「지리지」를 보면, 수성현은 조선현과 더불어 낙랑군에 속해 있었던 현 가운데 하나이다. 그러므로 한사군의 하나인 낙랑군은 갈석산 지역에 있었고 그 지역에 조선현도 자리해 있었을 것임을 알 수 있다. 그리고 갈석산에서 진장성이 시작되었다고 했으므로, 이 갈석산은 국경에 있었던 산으로서 앞에서 확인된 고조선과 중국의 국경에 있었던 갈석산임을 알 수 있다.

요점

낙랑군 조선현은 고조선과 중국의 국경에 있었던 갈석산 근처에 있었다. 이 갈석산은 진장성이 시작된 산으로서 앞에서 확인된 고대의 요동 즉 진·한의 동북 국경에 있었던 바로 그 갈석산이다.

사료 5

『통전』권186 「변방」〈동이〉'고(구)려'

갈석산은 한의 낙랑군 수성현에 있는데, 장성(만리장성)은 이 산에서
시작되었다. 지금 그 증거로 장성이 동쪽으로 요수를 끊고 고구려로
들어가는데, 유적이 아직도 존재한다.

생각하건대 『상서』에 이르기를, '협우갈석입어하(夾右碣石入於河)'라 했
으니 우갈석은 강이 바다를 향한 곳으로서 오늘날 북평군 남쪽 20여
리에 있다. 그러므로 고구려 안에 있는 것은 좌갈석이 된다.

碣石山在漢樂浪郡遂城縣, 長城起於此山. 今驗長城東裁遼水而入

高麗, 遺址猶存. 按『尙書』云夾右碣石入於河, 右碣石卽河赴海處,

在今北平郡南二十餘里, 則高麗中爲左碣石.

위 사료는 앞에서 만리장성의 동쪽 끝 부분을 확인하면서 살펴
보고 있다. 조선현의 위치를 확인하기 위해 다시 소개한다. 만리
장성이 갈석산에서 시작되었다는 위 내용은 앞에 소개한『태강지
리지』의 기록과 일치한다. 그런데 장성이 갈석산에서 시작된 증거
로 장성이 동쪽으로 요수를 지나 고구려로 들어가는 사실을 들고
있다. 여기서 말하는 요수는 오늘날의 난하이다.

『통전』의 저자인 두우는 독자들에게 갈석의 위치를 보다 분명
하게 설명하기 위해 자신이 직접 주석을 달아놓았다.『상서』에 '협

우갈석입어하'라는 기록이 있음을 말하면서 우갈석은 강이 바다를 향한 곳이어야 하므로, 당시의 북평군 남쪽 20여 리에 있는 갈석이어야 하고, 고구려 안에 있는 것은 좌갈석이 되어야 한다는 것이다.

이러한 설명으로 보아, 두우는 '협우갈석입어하'를 "우갈석을 끼고 강으로 들어간다."로 이해한 듯하다. 그러나 일반적으로 이 구절은 "갈석을 오른쪽으로 끼고 강으로 들어간다."고 해석한다. 두우는 '협우갈석(夾右碣石)'을 우갈석을 끼고 라고 해석을 했기 때문에 우갈석이 있었다면, 당연히 이에 대비되는 좌갈석이 있어야 한다고 생각하고 좌갈석은 고구려 안에 있을 것으로 생각했던 듯하다. 두우는 그렇게 말하면서도 진장성이 시작된 갈석은 북평군 남쪽 20여 리에 자리한 난하 유역의 갈석이며 그곳은 낙랑군 수성현 지역이었다고 분명하게 말하고 있다.

요점

갈석산은 난하 유역에 있었고 그곳은 낙랑군 수성현 지역이다. 그러므로 한사군의 하나인 낙랑군은 난하 유역의 갈석산 지역에 있었고 낙랑군에 속해 있었던 조선현도 당연히 그 지역에 있었다. 『태강지리지』의 기록을 뒷받침해준다.

사료 6

『대명일통지(大明一統志)』 권5 「영평부(永平府)」 〈고적(古蹟)〉조

조선성이 영평부 경내에 있는데, 전해오기를 기자가 봉함을 받았던 땅이라고 한다.

조 선 성 재 부 내 상 전 기 자 수 봉 지 지
朝鮮城在府內, 相傳箕子受封之地.

명(明)시대의 영평부에는 조선성이라는 유적이 있는데, 예로부터 그곳은 기자가 봉함을 받았던 곳이라고 전해온다는 내용이다. 명시대의 영평부는 오늘날 난하 하류 유역으로서 갈석산 지역도 여기에 포함된다.

이 기록은 기자가 한사군의 조선현이 된 곳으로 망명했다는 기록, 낙랑군 수성현은 갈석산 지역에 있었다는 기록 등과 일치한다. 근래에 중국 학자들은 갈석산 동남의 북대하에서 궁궐터로 볼 수 있는 유적을 발굴하고 그곳을 '진시황제 행궁지'로 명명했는데, 나는 그곳이 기자의 궁궐터는 아닐까 생각한다. 그곳은 진제국의 국경 밖이기 때문이다.

요점

기자가 망명해서 자리 잡은 조선은 명시대의 영평부로서 기자가 살았다는 조선성의 유적이 명시대까지 남아 있었다. 오늘날 북대하에서

는 궁궐터로 보이는 유적이 발굴됐는데, 이곳은 기자국의 궁궐터일
가능성이 높다.

하남성 동부에 기자묘가 있다

개관

하남성과 산동성의 경계 지역에 기자묘가 있다는 기록이 있다. 양국(梁國) 몽현(蒙縣), 박성(薄城)의 서쪽, 상구현(商丘縣)의 북쪽 등에 기자묘가 있다는 기록들이 보인다. 이곳들은 매우 근접해 있는 지역이다. 오늘날 하남성 상구현과 산동성 조현(曹縣)의 경계 지역이다. 산동성에서는 기국(기자가 봉해진 나라)과 관계가 있는 청동기가 여러 점 출토되어 산동성이 기자와 연고가 깊은 지역임을 알게 해준다.

산동성 지역에 기자묘가 있다는 기록에 근거하여 기자가 조선으로 망명했다는 것은 사실이 아닐 것으로 보기도 한다. 기자가 조선으로 망명하여 정착했다면, 기자의 묘가 그곳에 있을 수 없다는 것이다. 기자가 조선으로 갔다는 것은 주변 민족에 대한 자신들의 영향력을 강조하기 위해 중국인들이 꾸며낸 이야기라고 보는 것이다. 그럴 가능성도 있다. 그러나 다음과 같이 생각할 수도 있다.

첫째, 기자가 사망한 뒤 원래 그의 봉지였던 산동성 지역으로 옮겨져 묻혔을 수 있다. 지난날 대부분의 학자들은 조선을 한반도로 국한해서 보았기 때문에 기자의 조선 망명과 관련해 그가 한반도에 왔을 것으로 믿었다. 그러나 앞에서 확인된 바와 같이 기자가 망명해서 정착한 곳은 난하 하류 유역이었다. 이곳으로부터 산동성은 그리 멀지 않은 거리에 있다. 그러므로 기자가 사망한 뒤 원래 그의 봉지였던 곳으로 옮겨져 묻혔을 가능성을 생각해 볼 수 있다.

둘째, 기자는 개인의 이름이 아니기 때문에 다른 기자의 묘가 그곳에 있을 수 있다. 기자는 상나라 왕실의 후예로서 기(箕)라는 땅에 봉해진 자(子)라는 작위를 받은 제후였다. 초(楚)나라의 제후는 작위가 자였으므로 초자(楚子)라 불렸던 것과 같다. 작위는 장자에게 세습되었다. 제후가 바뀌면 새로 봉해진 제후도 기자였다. 그러므로 기자는 여러 사람일 수 있다. 따라서 조선으로 망명한 기자가 아닌 다른 기자의 묘가 산동성 지역에 있을 수 있다. 기자묘는 하나가 아니라 여럿일 수도 있는 것이다.

사료 1

『사기집해』

(『사기』 권38 「송미자세가」의 주석)

두예는 말하기를, 양국 몽현에 기자의 무덤이 있다고 하였다.

_{두예왈 양국몽현유기자총}
杜預曰, 梁國蒙縣有箕子冢.

　기자묘에 대해서는 위의 기록 외에도 『수경주(水經注)』 권23 「변수(汳水)」조에는 박성의 서쪽에 기자묘가 있다고 했고, 『대청일통지(大淸一統志)』 권194 「귀덕부(歸德府)」〈능묘(陵墓)〉조 '기자묘(箕子墓)'는 상구현의 북쪽에 있다고 했다. 이들은 모두 매우 근접한 지역에 자리해 있다. 오늘날 하남성 상구현과 산동성 조현의 경계 지역이다.

　위 기록들이 말하는 기자묘가 같은 묘를 말하는 것인지 각각 다른 묘를 말하는 것인지는 분명하지 않다. 그런데 산동성에서 기국의 것으로 볼 수 있는 청동기가 여러 점 출토되었기 때문에 이 곳을 기자와 연고가 깊은 지역으로 학자들은 보고 있다.

　기자는 개인의 이름이 아니다. 기자는 기(箕)라는 땅에 봉해진 자(子)라는 작위를 받은 제후였다. 작위는 세습되었고 어떤 연유로든 제후가 바뀌면 새로 봉해진 제후도 기자였다. 기자는 여러 사람이었던 것이다. 따라서 산동성 지역에는 조선으로 망명한 기자가 아닌 다른 기자의 묘들이 존재할 수 있는 것이다.

뿐만 아니라 조선으로 망명한 기자가 사망한 뒤 그곳으로 옮겨져 묻혔을 수도 있다. 그러므로 산동성에 기자묘가 있다는 이유만으로 기자의 조선 망명을 허구로 보기는 어려울 것이다. 그것보다는 기자가 망명한 곳이 어느 곳이었는지를 사료를 통해 확인하는 것이 먼저 해야 할 일일 것이다. 그것은 고대사의 체계를 바로 세우는 출발점이 되기 때문이다. 빈대 한 마리 잡으려고 집을 모두 태울 수는 없지 않은가.

요점

양국 몽현 등 오늘날 하남성과 산동성 경계 지역에는 기자묘가 있었다. 이 기자묘는 조선으로 망명한 기자가 사망 후 이곳으로 옮겨져 묻힌 묘일 수도 있고, 이 기자와는 다른 기자들의 묘일 수도 있다.

준왕은 기자의 후손이다

개관

　현재 통용하는 한국사 체례에 의하면, 준왕은 단군왕검이 세운 고조선의 마지막 왕으로서 위만에게 정권을 빼앗긴 인물이다. 이에 따르면, 준왕은 단군의 혈통이어야 하고 위만조선은 고조선의 정권을 빼앗았다는 것이 된다. 따라서 위만조선은 고조선과 같은 지역에 있었고 도읍지도 같은 곳이었을 것이라는 논리가 성립된다. 이러한 논리 위에서 고조선과 위만조선의 도읍이 왕검성이었다고 서술하고 있는 것이다.

　그러나 준왕은 단군의 자손이 아니라 기자의 후손이다. 이러한 사실은 여러 기록에서 확인된다. 그러므로 준왕의 나라는 고조선이 아니라 기자국(기자조선)이었다. 기록에 따르면 기자의 후손들은 조선후라 불리어졌다. 이를 주나라의 조선제후로 이해하고 기자와 그 후손들은 고조선의 통치자가 되었을 것으로 보기도 했다. 그러나 조선후는 고조선의 제후로 해석하는 것이 옳을 것이다.

앞에서 확인했듯이, 사마천은 『사기』에서 "주 무왕은 기자를 조선에 봉했으나 신하는 아니었다."고 했다. 그러므로 실질적으로는 기자나 그 후손이 주나라의 제후일 수가 없는 것이다. 이 점은 『사기』의 체제를 통해서도 확인할 수 있다. 『사기』에는 위만조선은 「조선열전」이라는 명칭으로 독립해서 입전(入傳)되어 있다. 그러나 기자국(기자조선)은 독립하여 입전되지 못했다. 「송미자세가」나 「태사공자서」 등에 단편적으로 언급되어 있을 뿐이다.

중국에서는 기자가 위만보다 훨씬 더 명망 높은 인물이다. 그런데도 사마천이 위만조선은 독립해서 입전시키고 기자국은 그렇게 하지 않았다. 그 이유는 무엇일까. 사마천은 『사기』의 체제를 철저하게 중국 천자 중심으로 꾸몄다. 천자의 지배 아래 들어와 있는 곳만을 『사기』의 체제에 포함시켰다. 위만은 나라를 세운 뒤 서한의 외신이 될 것을 약속했다. 중국 천자의 지배 아래 들어간 것이다. 그러나 기자는 주 무왕의 봉함을 받았다고는 하나 그것은 단지 형식적인 것일 뿐 그의 신하는 아니었다. 따라서 『사기』에 입전될 수가 없었던 것이다.

사료 1

『후한서』 권85 「동이열전」 〈예전〉

옛날에 무왕은 기자를 조선에 봉하였는데, 기자는 예의와 농사짓고 누에 치는 것으로써 가르치고 또 '8조의 가르침'을 제정하니, 그 지역 사람들은 끝내 서로 도적질하지 않으므로 집의 문을 잠그는 사람이 없었다. 부인은 정신(貞信)하였다. 마시고 먹는 데에는 변(籩)과 두(豆)를 이용하였다. 그 뒤 40여 세 조선후 준에 이르러 스스로 왕이라 칭하였다.

昔武王封箕子於朝鮮, 箕子教以禮義田蠶, 又制八條之教, 其人終不相盜, 無門戶之閉. 婦人貞信. 飲食以籩豆. 其後四十餘世, 至朝鮮侯準, 自稱王.

옛적에 서주의 무왕이 기자를 조선에 봉했는데, 기자가 예의와 농사짓는 법, 누에 치는 법을 가르치고 또 8가지 조항의 가르침을 만들어 그곳 주민들을 교화하여 도덕적이고 문화적인 곳으로 만들었다는 것이다. 이것은 중국인 기자가 조선 지역을 개화시킨 것처럼 그의 업적을 높이 평가한 것으로서 중화중심의 표현이다. 이 점에 대해서는 뒤에 논하기로 하고, 여기서는 준은 기자의 40여 세 후손이며 원래 조선후라 불리었고 나중에 스스로 왕으로 칭했다는 점을 확인해 두고자 한다.

요점

한국사에 등장하는 준왕은 기자의 40여 세 후손이었다. 그는 조선후였다.

사료 2

『삼국지』권30 「오환선비동이전」〈예전〉

옛날에 기자가 조선으로 갔는데, '8조의 가르침'을 만들어서 그들을 가르치니, 문을 닫는 집이 없어도 백성들은 도적질하지 않았다. 그 뒤 40여 세 조선후 준은 참람하게 왕이라 칭하였다.

昔箕子旣適朝鮮, 作八條之敎以敎之, 無門戶之閉而民不爲盜. 其
後四十餘世, 朝鮮侯準僭號稱王.

　이 내용은 앞의 『후한서』「동이열전」〈예전〉에 기록된 내용과 일치한다. 한국사에 등장하는 준왕을 기자의 40여 세 후손으로 기록한 것이다. 준왕은 원래 조선후라 불리어졌으나 스스로 왕으로 칭했다는 내용이다.

　위 내용에서 주의해야 할 점은 기자가 8조의 가르침을 제정하여 조선 지역 사람들을 교화한 것처럼 말하고 있는데, 사실은 그렇지 않다는 점이다. 『후한서』나 『삼국지』보다 앞 시대의 역사서인 『한서』에는 같은 사실을 다르게 전하고 있다. '8조의 가르침'은 기자가 제정한 것이 아니라, 기자가 망명하기 전에 조선 지역에 이미 시행되고 있었다는 것이다. 이 점을 먼저 밝히고 다음으로 넘어가기로 하겠다.

요점

한국사에 등장하는 준왕은 기자의 40여 세 후손으로서 조선후로 불리어졌는데 참람하게 스스로 왕으로 칭했다.

범금8조는 고조선의 법이다

개관

앞에 소개한 『후한서』「동이열전」과 『삼국지』「오환선비동이전」
의 〈예전〉에 기자는 조선으로 망명하여 '8조지교'를 제정하고 그
곳의 주민들을 가르쳤다고 했다. 같은 사실이 『한서』「지리지」에
도 실려 있는데, 거기에서는 다르게 말하고 있다. 기자가 조선으
로 망명했을 때, 조선에서는 '범금8조'가 이미 시행되고 있었다는
것이다. '8조지교'와 '범금8조'는 같은 것을 말하는 것인데, 『한서』
에서는 이것은 기자가 제정한 것이 아니라, 기자 망명 당시 그 지
역에서 이미 실시되고 있었다고 말하고 있다.

『한서』「지리지」는 범금8조 가운데 살인, 상해, 절도 등 3가지
조항을 소개하고 있다. 이에 따르면, 살인한 자는 사형에 처하고,

상해를 입힌 자는 곡물로 배상하며, 도둑질한 자의 경우 남자는 노예, 여자는 노비가 되는데, 속전(贖錢)을 내고 죄를 면하고자 하는 자는 50만을 내야 한다. 속전을 내고 죄를 면하여 일반 백성이 되었더라도 그것을 부끄럽게 여겨 결혼 대상으로 삼아주지 않았다. 그래서 도적이 없어 문을 닫지 않아도 되었으며, 여자는 정신(貞信)하고 음탕하지 않으며 도덕이 바로 서 있었는데, 서한이 이곳에 낙랑군을 설치한 뒤에는 내지의 관리와 상인들이 왕래하면서 도적이 생기는 등 사회질서가 무너지고 풍속이 각박해져 범금(犯禁)이 60여 조로 늘어났다는 것이다. 서한보다 고조선이 도덕과 윤리가 바로 선 살기 좋은 사회였음을 말하고 있는 것이다.

『한서』는 『후한서』나 『삼국지』보다 먼저 편찬된 역사서이므로 사료로서의 가치가 더 높다. 그러므로 『한서』의 기록을 택하는 것이 옳다. 『후한서』와 『삼국지』의 내용은 화이사상이 팽배해지면서 중국 중심으로 윤색하여 기자를 미화했음을 알 수 있다. 따라서 '범금8조'는 고조선의 법이었던 것이다.

법은 국가 단계 사회의 지표이다. 인류사회의 발전 과정에서 법이 뒷받침하는 공권력 즉 합법적인 권력이 출현하면, 그 단계를 일반적으로 국가사회라고 한다. 기자가 망명한 서기전 1100년 무렵에 고조선에서 법이 시행되고 있었다면, 고조선은 이미 국가 단계의 사회에 진입해 있었던 것이다.

『한서』 권28 「지리지」 하

은(殷)나라의 도가 쇠퇴하니 기자는 조선으로 갔는데, 그곳의 주민들을 예의로써 가르치면서 농사짓고 누에 치고 길쌈하였다. 낙랑조선 주민의 범금8조는, 사람을 죽이면 바로 죽음으로써 배상하고, 남에게 상해를 입히면 곡물로써 배상하며, 남의 것을 도적질하면 남자는 몸을 몰수하여 그의 가노(家奴)로 삼고 여자는 비(婢)로 삼았다. 속전(贖錢)을 내고 벌을 면하고자 하는 사람은 한 사람에 50만을 내야 했다. 비록 벌을 면하여 일반 백성이 되었더라도 그 풍속이 그것을 더욱 수치스럽게 여겨 혼인을 하는 데 더불어 대상으로 여겨주지 않았다. 이러함으로써 그 백성들은 끝내 서로 도적질하지 않았고, 집의 문을 잠그는 사람이 없었으며, 부인들은 정신(貞信)하여 음란하거나 간사하지 않았다. 그 지역 농민들은 변(籩)과 두(豆)로써 마시고 먹었는데 도읍에서는 관리 및 내군의 장사치를 모방하여 자주 배기(杯器)로써 마시고 먹었다. 군[郡 : 낙랑군]에서는 초기에 관리를 요동에서 데려왔는데, 관리가 보기에 주민들은 재화를 숨겨서 보관하지 않았다. 상인 가운데 왕래하는 자가 밤에 도적질을 하기에 이르러서는 풍속이 점차 각박해져서 지금은 범금이 점차 늘어나 60여 조에 이른다.

殷道衰, 箕子去之朝鮮, 教其民以禮義, 田蠶織作. 樂浪朝鮮民犯禁八條, 相殺以當時償殺, 相傷以穀償, 相盜者男沒入爲其家奴, 女子爲婢, 欲自贖者, 人五十萬. 雖免爲民, 俗猶羞之, 嫁取無所讎.

是以其民終不相盜, 無門戶之閉, 婦人貞信不淫辟, 其田民飮食以籩

豆, 都邑頗放效吏及內郡賈人, 往往以杯器食, 郡初取吏於遼東,

吏見民無閉臧, 及賈人往者, 夜則爲盜, 俗稍益薄, 今於犯禁浸多,

至六十餘條.

　이 사료는 고조선의 사회와 문화 수준을 알게 하는 중요한 내용이므로 몇 부분으로 나누어 살펴보고자 한다.

　첫째, "상(은)나라의 도가 쇠퇴하니 기자는 조선으로 갔는데, 그곳의 주민들을 예의로써 가르치고 농사짓고 누에 치고 길쌈하면서 생활을 했다."는 부분이다.

　이 부분의 번역을 검토할 필요가 있다. 일반적으로 기자는 조선으로 가서 "그곳 주민들에게 예의와 농사, 누에치기, 길쌈 등을 가르쳤다."고 번역한다. 기자는 현인일 뿐만 아니라 문화수준이 높은 중국에서 온 사람이므로, 그보다 낙후된 낙랑조선의 주민들에게 예의는 물론 농사, 누에치기, 길쌈 등 모든 것을 가르쳤다고 본 것이다.

　그러나 나의 생각은 다르다. 기자가 조선으로 망명한 시기는 서기전 1100년 무렵으로서 이미 청동기시대에 들어선 뒤다. 농사, 누에치기, 길쌈 등은 그보다 앞선 신석기시대에 시작되어 기자가 조선으로 망명할 때에는 이것들이 보편화되어 있었다. 이러한 사실은 고고학적 발굴결과에 따라 확인되고 있다.

　그리고 이런 일에는 상나라 왕실의 후예로서 귀족이었던 기자보다는 조선 지역의 일반 농민들이 더 능숙했을 것이다. 그러므로 기자가 예의를 가르쳤다는 것은 일리가 있지만, 농사, 누에치기, 길쌈까지 가르쳤다고 보기는 어렵다. 따라서 나는 "기자는 조선으로 망명을 하여 그곳의 주민들을 예의로써 가르치고 농사, 누에치기, 길쌈을 하면서 생활을 했다."고 번역하고자 한다. 망명지 조선에서 기자는 중국에서와 같은 귀족 생활을 할 수 없었던 것이다.

둘째, '범금8조'에 대한 이해이다. 앞서 소개한 『후한서』「동이열전」과 『삼국지』「오환선비동이전」의 〈예전〉에는 기자가 조선으로 망명하여 '8조지교'를 제정하여 그 지역 주민을 가르쳤다고 했는데, 『한서』「지리지」에는 기자가 망명할 때의 조선 상황을 말하면서 그곳에 '범금8조'가 있었다고 말하고 있다. '8조지교'와 '범금8조'는 같은 것을 말하는데, 『한서』에 따르면, 이 법은 기자가 만든 것이 아니라 기자가 망명할 당시 이미 조선 지역에 있었다. 이로 보아 이 법은 기자가 조선으로 망명하기 전에 제정된 고조선의 법으로서 기자가 망명했을 때에는 이미 시행되고 있었음을 알 수 있다.

셋째, 낙랑군 지역은 그곳에 한사군이 설치되기 이전 고조선에 속해 있을 때에는 '범금8조'만으로도 도덕과 윤리가 바로 서 있고 질서가 있는 사회였다. 그런데 그곳에 낙랑군이 설치되어 한의 내지인들이 이주해 오고 또 상인들이 출입을 하게 되면서부터는 이들 가운데 도적질을 하는 사람이 있어 풍속이 각박해져서 범금 조항이 60여 조에 이를 정도로 늘어났다는 것이다. 이러한 내용은 고조선이 중국보다 도덕과 윤리가 바로 서 있는 살기 좋은 사회였음을 알게 해준다.

요점
요점

『한서』「지리지」의 기록에 따르면, 조선 지역의 '범금8조'는 기자가 제정한 것이 아니라 기자가 조선으로 망명했을 때 이미 그곳에 실시되고 있었다. 『후한서』「동이열전」과 『삼국지』「오환선비동이전」의 〈예전〉에는 이것을 기자가 제정했다고 기록하고 있는데, 이는 중국 중심의 화이사상에 바탕을 두어 윤색한 것임을 알 수 있게 한다.

위만조선은 요서 서부에 있었다

개관

위만조선은 기자의 40여 세 후손인 준왕으로부터 기자국의 정권을 빼앗아 건국되었다. 그리고 기자국은 오늘날 난하 유역에 자리하고 있었으므로 위만조선은 그곳에서 건국되었다. 『위략』에 따르면 기자국은 전국시대 연나라 진개의 침략을 받은 바 있으므로, 그로 말미암아 기자국의 위치가 이동하지 않았을까라는 의문을 가질 수 있다. 그러나 그렇지 않았음이 다음에 소개할 『위략』과 『사기』「조선열전」 기록에서 확인된다.

기자국과 고조선은 진개의 침략으로 큰 피해를 입었지만 이를 격퇴하고 영토를 완전히 수복하였을 뿐만 아니라, 오히려 연나라의 동부 땅 일부를 빼앗기까지 했다. 『위략』에 전쟁이 끝난 뒤 만번한(滿番汗)이 국경이 되었다는 기록이라든가, 『사기』「조선열전」
에 진개가 차지했던 고조선 영토 진번을 위만이 영토 확장 과정
에서 다시 차지했다는 기록을 이 점을 확인시켜 준다. 이 점에 대
해서는 뒤에서 다시 설명하겠다.

위만조선은 건국 뒤 서한의 외신이 됨으로써 기자국과는 다른
길을 걸었다. 기자국은 고조선의 거수국이었는데, 위만조선은 서
한의 외신이 된 것이다. 위만조선은 고조선과 대립하는 위치에 있
게 되었고 고조선을 침략하여 영토를 확장했다. 위만조선의 영토
확장은 오늘날 난하 유역으로부터 대릉하 유역에까지 이르렀다.
그 결과 고조선의 서부 영토에 변화가 일어났다.

기자국은 고조선의 거수국이었으므로, 기자국이 존재할 때에는
기자국이 있었던 난하 유역까지가 고조선의 영토였다. 그러나 고
조선에 대립하는 위만조선이 들어서면서부터는 위만조선이 차지
한 지역은 고조선의 영토로 볼 수 없기 때문에, 고조선 영토가 대
릉하 유역까지로 줄어들었다고 보아야 할 것이다.

사료 1
『후한서』 권85 「동이열전」 〈한전〉

지난날 조선왕 준은 위만에게 격파되자 곧 그 남은 무리 수천 명을
거느리고 도망하여 바다로 들어가 마한을 공격, 그곳을 격파하고 스
스로 즉위하여 한왕이 되었다. 준의 후손이 끊기니 마한인이 다시 자

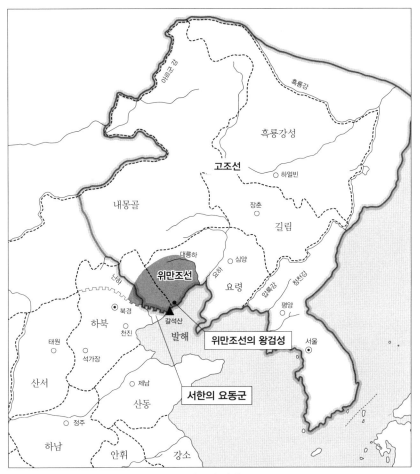

위만조선 위치도

립하여 진왕이 되었다.

^초 ^{조선왕준위위만소파} ^{내장기여중수천인주입해} ^{공마한} ^파
初, 朝鮮王準爲衛滿所破, 乃將其餘衆數千人走入海, 攻馬韓, 破
^지 ^{자립위한왕} ^{준후멸절} ^{마한인복자립위진왕}
之, 自立爲韓王. 準後滅絶, 馬韓人復自立爲辰王.

사료 2

『삼국지』 권30 「오환선비동이전」〈한전〉

(조선)후 준은 참람되게 왕이라 칭하다가 연 지역에서 망명한 위만의 공격을 받아 정권을 탈취당한 바 되어, 그 좌우 궁인들을 거느리고 도망하여 바다로 들어가 한의 땅에 거주하면서 스스로 한왕이라 칭하였다. 그 후손은 끊기었으나 지금도 한나라 사람 중에는 아직 그의 제사를 받드는 사람이 있다.

^{후준기참호칭왕} ^{위연망인위만소공탈} ^{장기좌우궁인주입해} ^거
侯準旣僭號稱王, 爲燕亡人衛滿所攻奪, 將其左右宮人走入海, 居
^{한지} ^{자호한왕} ^{기후절멸} ^{금한인유유봉기제사자}
韓地, 自號韓王. 其後絶滅, 今韓人猶有奉其祭祀者.

위의 『후한서』 「동이열전」과 『삼국지』 「오환선비동이전」의 〈한전〉 기록은 위만이 준왕의 정권을 빼앗아 위만조선을 건국했다고 말하고 있다. 준왕은 기자의 후손이다. 기자의 후손들은 대대로 조선후로 불리었는데, 준에 이르러 스스로 왕호를 사용했다는 것이다. 이것은 준이 오만했음을 말하는 것이기도 하고 고조선의 거수로부터 독립하고자 했음을 의미하는 것이기도 하다. 당시에 왕호는 독립국의 통치자만이 사용하고 있었다.

위만에게 정권을 빼앗긴 준왕은 한반도의 마한 지역으로 망명했다고 한다. 이는 기자와 그 후손들이 고조선의 거수였음을 알게 해주는 것이다. 기자와 그 후손들이 주나라 제후였다면, 한반도보다는 중국으로 망명했어야 할 것이다.

요점

위만조선은 기자국 준왕의 정권을 빼앗아 건국되었다. 그러므로 위만조선의 건국지는 기자국이 있었던 난하 유역인 것이다.

사료 3

『위략』

(『삼국지』 권30 「오환선비동이전」 〈한전〉의 주석)

『위략』에 말하기를, 옛날 기자의 후손인 조선후는 주나라가 쇠퇴한 것을 보고 연나라가 스스로 높여 왕이라 하고 동쪽의 땅을 침략하고자 하니, 조선후 또한 스스로 일컬어 왕이라 하고 병사를 일으켜 거꾸로 연나라를 공격함으로써 주 왕실을 받들고자 하였는데, 그 대부 예가 그것을 간하니 곧 중지하였다. 예를 서쪽으로 보내어 연나라를 설득하니 연도 그것을 중지하고 침공하지 않았다. 그 뒤 자손들이 점차 교만하고 포학하니 연나라는 바로 장수 진개를 파견하여 그 서방을 공격하고 땅 2,000여 리를 차지하였으며, 만번한에 이르러 경계를 삼았는데, 조선은 마침내 약해졌다. 진(秦)나라가 천하를 병합함에 이르러 몽염을 시켜 장성을 쌓았는데, 요동에 이르렀다. 이때에 조선왕 부가 즉위하였는데, 진나라가 그를 습격할까 두려워 진나라에 복속된 척하면서도 조회는 인정하지 않았다. 부(否)가 사망하고 그의 아들 준이 즉위하였는데 20여 년이 지나 진승과 항우가 봉기하여 천하가 어지러우니, 연·제·조 지역 거주민들은 근심되고 고생스러워 점차 도망하여 준에게로 가니 준은 그들을 서방에 배치하였다. 한나라가 노관으로써 연왕을 삼음에 이르러 조선과 연의 경계는 패수가 되었다. 노관이 한나라에 반기를 들고 흉노로 들어감에 이르러 연나라 사람 위만은 망명을 하였는데, 호복을 입고 동쪽으로 패수를 건너 준에게로 가서 항복하고 준을 설득하여 서쪽 경계에 살게 해주도록 요구하면서 중국 망명객들을 모아 조선의 울타리가 되겠다고 하였다. 준은 그를 믿고 총애하여 박사를 제수하고 규(圭)를 하사하였으며, 앞에서는 1,000리의 땅에 봉하고 서쪽 변경을 관리하며 지키도록 하였다. 위만은 망명 온 무리를 꾀어 군중이 점차 많아지자 곧 사람을 준에게 보내어 거짓으로 고하기를, 한나라 병사들이 10개의 길로 오고 있으니 들어가 숙위하겠다고 말하고는 마침내 돌아와서 준을 공격하였다. 준은 만을 맞아 싸웠으나 적수가 되지 못하였다.

『魏略』曰, 昔箕子之侯朝鮮侯, 見周衰, 燕自尊爲王. 欲東略地, 朝鮮侯亦自稱爲王, 欲興兵逆擊燕以尊周室. 其大夫禮諫之, 乃止.

사 례 서 설 연　연 지 지　불 공　후 자 손 초 교 학　연 내 건 장 진 개 공 기 서
使禮西說燕, 燕止之, 不攻. 後子孫稍驕虐, 燕乃遣將秦開攻其西

방　취 지 이 천 여 리　지 만 번 한 위 리　조 선 수 약　급 진 병 천 하　사 몽 염
方, 取地二千餘里, 至滿番汗爲界, 朝鮮遂弱. 及秦幷天下, 使蒙恬

축 장 성　도 요 동　시 조 선 왕 부 립　외 진 습 지　략 복 속 진　불 긍 조 회
築長城, 到遼東. 時朝鮮王否立, 畏秦襲之, 略服屬秦, 不肯朝會.

부 사　기 자 준 립　이 십 여 년 이 진　항 기　천 하 란　연　제　조 민 수 고
否死, 其子準立, 二十餘年而陳・項起, 天下亂, 燕・齊・趙民愁苦,

초 초 망 왕 준　준 내 치 지 어 서 방　급 한 이 노 관 위 연 왕　조 선 여 연 계 어
稍稍亡往準, 準乃置之於西方. 及漢以盧綰爲燕王, 朝鮮與燕界於

패 수　급 관 반　입 흉 노　연 인 위 만 망 명　위 호 복　동 도 패 수　예 항 준
浿水. 及綰反, 入匈奴, 燕人衛滿亡命, 爲胡服, 東度浿水, 詣降準,

설 준 구 거 서 계　수 중 국 망 명 위 조 선 번 병　준 신 총 지　배 위 박 사　사 이
說準求居西界, 收中國亡命爲朝鮮藩屏. 準信寵之, 拜爲博士, 賜以

규　봉 지 천 리　영 수 서 변　만 유 망 당　중 초 다　내 사 견 인 고 준　언 한
圭, 封地千里, 令守西邊. 滿誘亡黨, 衆稍多, 乃詐遣人告準, 言漢

병 십 도 지　구 입 숙 위　수 환 공 준　준 여 만 전　부 적 야
兵十道至, 求入宿衛, 遂還攻準. 準與滿戰, 不敵也.

앞에 소개된 『삼국지』 「오환선비동이전」 〈한전〉의 "후준기참호 칭왕(侯準既僭號稱王), 위연망인위만소공탈(爲燕亡人衛滿所攻奪)"에 대한 주석으로 실린 『위략』의 내용이다. 이 사료는 위만이 정권을 탈취 하는 과정을 비교적 소상하게 기록하고 있을 뿐만 아니라 그 밖 에도 몇 가지 중요한 정보를 제공한다.

첫째는, 기자가 조선으로 망명한 뒤 그 후손은 조선후라 불리었 다는 것이다. 조선후란 주나라에 대한 조선 지역의 제후라는 뜻일 수도 있고, 고조선에 속한 제후라는 뜻일 수도 있다. 나는 고조선 의 제후라는 뜻으로 이해하고자 한다.

그 이유는, 첫째, 중국 문헌에는 주 무왕이 기자를 조선에 봉했 다고 표현한 기록들이 있지만, 실제로는 기자가 스스로 조선으로 망명했으며, 둘째, 사마천이 『사기』 「주본기」에 "무왕은 기자를 조

선에 봉했으나 신하는 아니었다."고 기록한 점 등이 근거가 된다. 기자가 주나라의 제후였다면 주 무왕의 신하가 아니라고 기록했을 리 없다. 셋째, 당시 고조선은 독립국이었고 주나라 세력은 고조선 지역까지 미치지 못했으므로 고조선 영역으로 망명한 기자는 주나라 제후일 수가 없다. 기자는 고조선의 양해 아래 그곳에 거주하게 되었으므로 고조선의 제후였다고 보아야 할 것이다. "조선후가 주 왕실을 받들고자 연나라를 치려고 했다."는 본문의 표현은 연나라를 치기 위한 명분으로 내세운 말이었을 수도 있고, 주 무왕이 기자를 조선에 봉했다고 기록한 것과 연속선상에 있는 화이사상의 표현에 지나지 않는 것으로 볼 수도 있다.

둘째는, 연나라가 왕호를 사용하면서 조선을 침략하려 하자 기자의 후손도 왕호를 사용하면서 연나라를 치려다 중단했다는 것이다. 연나라가 왕호를 사용한 것은 전국시대이다. 그러므로 이사건이 일어난 시기는 전국시대라는 것을 알 수 있다. 그 뒤 연나라는 진개를 파견하여 조선을 쳤다고 했는데, 진개는 전국시대 연소왕(昭王 : 서기전 312~서기전 279년) 때의 장수였다. 이 시기에 연나라는 가장 강성했었다.

셋째는, 연나라는 조선의 서부 땅 2,000여 리를 차지하고 만번한(滿番汗)에 이르러 경계를 삼았다고 했는데, 만번한은 뒤에 요동군의 문현(文縣)과 번한현(番汗縣)이 된 지역을 합하여 부른 명칭이라는 것이다. 중국 고대어에서 문(文)과 만(滿)은 음이 같았으므로 만번한은 문번한(文番汗)을 말한다. 요동군은 중국의 동북 변경에 있었던 행정구역으로서 진장성(秦長城) 서쪽 난하 유역에 있었다.

그러므로 연나라는 고조선 땅 2,000여 리를 침략한 뒤 요동군 지역으로 후퇴했음을 알 수 있다. 앞에서 확인된 바와 같이 전국시대의 뒤를 이은 진제국과 고조선의 국경이 오늘날 난하 유역이었다는 점도 이를 뒷받침한다. 고조선은 진개의 침략에 반격을 가하여 연나라 동부 땅 일부를 차지하고 전쟁을 끝냈던 것이다. 이 전쟁은 고조선의 거수국이었던 기자국과 연나라 사이에 일어난 전쟁이었으나 고조선 깊숙이까지 크게 피해를 입혔던 것 같다.

넷째는, 위만조선의 건국 과정을 자세하게 기록으로 전하고 있다는 것이다. 연 지역 사람인 위만은 기자의 후손인 준에게로 망명하여 국경 지역에 거주하면서 중국 망명자들을 모아 집단세력을 형성한 뒤 한나라 군사가 10개의 길로 나누어 쳐들어오니, 궁궐을 지키겠다고 거짓보고를 하고는 준으로부터 정권을 빼앗아 위만조선을 건국했다. 그 시기는 서한 초였다. 위만조선은 기자 후손의 정권을 빼앗아 건국되었으므로 그 위치는 기자일족이 망명하여 자리를 잡았던 난하 하류 유역 갈석산 부근이었다.

요점

준왕은 기자의 후손이며 위만은 준왕의 정권을 빼앗아 위만조선을 건국했다. 그러므로 위만조선의 위치는 기자 정권이 자리했던 난하 하류 유역 갈석산 부근이었다. 학계에서는 위만조선의 위치를 한반도 북부로 보고 있는데, 이는 기자일족의 정착지와 위만조선의 건국에 관한 사료를 충분히 검토하지 않고 기자의 후손인 준왕을 고조선의 계승세력으로 잘못 체계화한 데서 빚어진 오류이다.

사료 4

『염철론』 권7 「비호」

대부가 말하기를, 옛적에 사이(四夷)가 모두 강하여 (중국에) 나란히 쳐들어와 피해를 입혔는데, 조선은 요를 넘어 연나라의 동쪽 땅을 빼앗았다.

大夫曰, 往者四夷具强, 竝爲寇虐, 朝鮮踰徼, 劫燕之東地.
(대부왈 왕자사이구강 병위구학 조선유요 겁연지동지)

『염철론』에 대해서는 앞에서 소개했으므로 여기서는 생략한다. 위 사료는 정부를 대변한 대부 상홍양이 한 말 가운데 일부이다. 그는 전국시대 상황을 말하면서, 주변의 이민족이 강했을 때에 그들은 국경을 넘어 중국을 침략했는데, 고조선은 국경 요새[요(徼)]를 넘어 쳐들어와 연나라의 동부 땅을 빼앗아 차지했다고 했다. 앞의 『위략』에서 확인된 연나라 진개의 침략 뒤에 고조선이 반격을 가하여 연나라 군사를 몰아내고 연나라 동쪽 땅을 빼앗아 요동군의 문·번한(文·番汗 : 만변한)이 고조선과 연나라의 국경이 되었다는 사실을 뒷받침해 주는 내용이다.

일반적으로 전국시대에 연나라 진개의 침략으로 고조선은 서부 땅 2,000여 리를 잃어 영토가 크게 줄어들었고 국력도 매우 약해졌을 것이다. 큰 전쟁을 치렀으므로 인적·물적 손실이 컸을 것이고 국력에도 영향을 주었을 것이다. 하지만 영토는 다시 회복하였으며 오히려 더 확장되었다. 그동안 학자들은 만번한의 위치를 고증해보지도 않고 만번한은 이전의 국경으로부터 2,000여 리 들어온 곳에 있었을 것으로 보았다. 진개가 침략한 뒤 후퇴했음은 다음에 소개할 『사기』 「조선열전」에서도 확인된다.

요점

전국시대에 고조선은 연나라 국경 요새를 넘어 쳐들어가 연나라의 동부 땅을 차지하였다.

사료 5

『사기』 권115 「조선열전」

조선왕 만은 본래 연 지역 사람이다. 연나라는 전성기로부터 일찍이 진번과 조선을 침략하여 복속시키고 군리를 두기 위하여 장새를 쌓았다. 진나라는 연나라를 멸망시키고 그것을 요동의 외곽 요새 관할 아래 두었다. 한나라가 일어났는데, 그것이 멀어서 지키기 어려우므로 요동의 옛 요새를 다시 수리하고 패수에 이르러 경계를 삼고 연의 관할 아래 두었다. 연왕 노관이 한나라에 반기를 들고 흉노로 들어가니 만은 망명했는데, 1,000여 명을 모아 무리를 만들고 상투머리에 만이의 옷을 입고 동쪽으로 도주하여, 요새를 빠져나와 패수를 건너 진나라의 옛 공지인 상하장에 거주하면서 점차 진번과 조선의 만이 및 옛 연·제의 망명자들을 복속시켜 그들의 왕이 되어 왕험에 도읍하였다.

朝鮮王滿者, 故燕人也. 自始全燕時, 嘗略屬眞番·朝鮮, 爲置吏,
築長塞. 秦滅燕, 屬遼東外徼. 漢興, 爲其遠難守, 復修遼東故塞,
至浿水爲界, 屬燕. 燕王盧綰反, 入匈奴, 滿亡命, 聚黨千餘人, 魋
結蠻夷服而東走出塞, 渡浿水, 居秦故空地上下鄣, 稍役屬眞番·朝
鮮蠻夷及故燕齊亡命者王之, 都王險.

『사기』 「조선열전」은 위만조선에 관한 기록이다. 『사기』의 저자
사마천은 서한 무제 때의 사람으로서 위만조선이 멸망할 때에 서
한의 사관으로 있었다. 그러므로 위만조선에 관한 「조선열전」의
기록은 비교적 정확한 내용이다. 『사기』 「조선열전」은 위만조선의
역사만 싣고 있을 뿐 고조선에 관한 기록은 전하고 있지 않다. 이
점을 들어 고조선의 존재는 신빙성이 없다는 견해를 가진 사람이
있다.

이는 잘못된 것이다. 『사기』는 중국 역사서이다. 중국 천자의 통
치 아래 있는 지역만을 싣고 있다. 따라서 중국 역사서에 고조선
의 역사가 실릴 이유가 없는 것이다. 위만조선의 역사가 『사기』에
실린 것은 위만이 서한의 외신이었기 때문이다. 위만조선은 중국
천자의 통치 아래 있다고 사마천은 보았던 것이다.

위 기록은 「조선열전」의 첫 부분으로 위만이 위만조선을 건국
하기까지 그 지역 사정을 전하는 것이다. 위만이 기자국 준의 정

권을 빼앗는 과정은 앞에 소개한 『위략』이 훨씬 더 상세하게 기록하고 있다. 『사기』「조선열전」에는 위만의 성에 대해서는 언급하지 않고 만이라고만 기록하고 본래 연 지역 사람이라고 했다. 『위략』과 『잠부론』, 『후한서』「동이열전」, 『삼국지』「오환선비동이전」 등에는 위만으로 기록되어 있다. 『삼국유사』「위만조선」조에는 만의 성을 위(魏)로 적고 있다. 단순한 실수일까.

연나라는 전성기에 진번과 조선을 복속시켰다고 했는데, 연의 전성기는 소왕 때(서기전 312~서기전 279년)로서 이 내용은 앞의 『위략』에서 말한 진개의 조선 침략을 말한다. 연나라는 국경에 요새 [장새(鄣塞)]를 만들었는데, 진나라가 중국을 통일한 뒤에는 그것을 요동의 외곽 요새 관할 아래 두었다는 것이다. 그 뒤 한나라가 건국되어 당시의 국경이 너무 멀어 지키기 어려우므로 요동의 옛 요새를 수리하고 패수를 경계로 삼았다는 것이다. 한나라가 국경을 지키기 어려웠다는 것은 고조선의 국력이 상당히 강했음을 시사해준다.

위만은 1,000여 명의 무리를 이끌고 상투머리에 만이의 옷을 입고 국경의 요새를 빠져나와 패수를 건너 망명하여 옛날 진나라가 차지한 바 있는 곳에 거주하면서 조금씩 그곳의 토착민들과 중국 망명자들을 복속시켜 위만조선을 세우고 왕험(왕검)에 도읍했다는 것이다. 위만의 망명 시기에 대해서는 언급하고 있지 않다. 그런데 『사기』와 『위략』에서는 위만의 망명을 노관의 흉노 망명과 함께 기술하고 있으므로, 학계에서는 이들의 망명이 같은 시기일 것으로 보고 『사기』「노관열전」에 기록된 노관의 망명 연대인 서기전 195년을 위만의 망명 연대로 잡고 있다.

위만이 망명할 때 상투머리를 하고 만이(蠻夷)의 옷(『위략』에서는 호복이라 했다)을 입었다는 내용에 따라, 상투머리는 조선의 풍속이고 만이의 옷은 아마도 조선 옷을 말한 것이라고 보고 위만이 나라를 세우고 그 이름을 조선이라 한 점 등과 연관시켜 볼 때 위만은 연 지역에 살던 조선계일 것으로 보는 견해가 있다.

이에 대해 『사기』 「남월열전」에 따르면 남월에서도 상투를 틀었으며 진시황제 능에서 출토된 무사도용(武士陶俑)에서도 상투가 보이므로 상투를 조선의 풍속으로만 볼 수는 없고, 만이의 옷(蠻夷服)이나 호복을 조선 옷으로 단정할 수도 없을 뿐만 아니라 조선이라는 나라 이름은 그 지역의 명칭에서 온 것이라고 본다면, 위의 요소들은 위만을 조선계라고 볼 수 있는 충분한 증거가 되지 못한다고 의문을 표시하는 학자도 있다. 중국 학자들은 위만을 조선계로 보는 견해에 동의하지 않을 것이다.

요점

위만은 본래 서한의 연 지역 사람인데, 서한 초에 조선으로 망명하여 그곳 토착인과 연·제 망명자들을 규합하여 세력을 형성한 뒤 나라를 세우고 왕험에 도읍하였다. 『삼국유사』 〈위만조선〉조에는 왕험(王險)이 왕검(王儉)으로 되어 있다.

『사기』 권115 「조선열전」

혜제와 고후 시대를 맞이하여 천하가 처음으로 안정되니, 요동태수
는 바로 만에게 외신을 삼겠다고 약속하고 국경 밖의 오랑캐들(이민
족)을 방어하여 변경을 노략질하지 못하도록 하되, 이민족의 군장들
이 한나라에 들어와 천자를 알현하고자 하거든 그것은 막지 말도록
하였다. 이러한 보고를 받고서 천자가 그렇게 하도록 허락하니, 이로
써 만은 군사적 위엄과 재물을 얻어 그 주변의 작은 마을들을 침략
하여 항복을 받았는데, 진번과 임둔도 모두 와서 복속되니 영토가 사
방 수천 리에 이르렀다.

會孝惠·高后時天下初定, 遼東太守卽約滿爲外臣, 保塞外蠻夷,
無使盜邊, 諸蠻夷君長欲入見天子, 勿得禁止. 以聞, 上許之, 以故
滿得兵威財物侵降其旁小邑, 眞番·臨屯皆來服屬, 方數千里.

　위만조선의 성장과정을 말하는 내용이다. 혜제(惠帝 : 서기전 195~서
기전 189년)는 서한 고조 유방의 뒤를 이은 황제이고 고후는 혜제의
어머니로서 고조의 황후이다. 고후는 심약한 혜제를 병사(病死)하
도록 한 뒤 그의 어린 아들 공(恭 : 서기전 188~서기전 185년)과 홍(弘 :
서기전 184~서기전 180년)을 차례로 소제(少帝)로 삼고 정권을 장악했다.
고후는 성이 여(呂)씨이므로 여후(呂后)라고도 불리었는데, 이 시기
에 황실의 외척인 여씨 세력이 크게 성장했다. 이때에 서한의 요

동태수는 위만을 외신으로 삼기로 약속했는데, 천자는 이 보고를 받고 그렇게 하도록 승낙했다는 것이다. 사마천이 『사기』에 위만조선을 「조선열전」이라는 명칭으로 독립시켜 실은 것은 위만이 서한의 외신이었기 때문이다. 사마천은 위만조선을 중국의 통치조직 속에 포함된다고 보았던 것이다.

위의 기록에 따르면, 위만은 서한의 외신이 됨으로써 군사적 위엄과 재물을 얻었다. 그런데 서한으로부터 군사와 경제 지원을 받았다는 뜻인지, 위만조선이 스스로 국력을 신장시켰다는 뜻인지 분명하지 않다. 위만조선은 국력이 신장된 뒤 주변의 마을들을 복속시켜 영토를 확장했으며 진번과 임둔도 이 시기에 복속했다. 진번과 임둔은 위만조선이 망한 뒤 한사군 가운데 2개의 군명 즉 진번군과 임둔군이 된 곳이다.

위만조선이 영토를 확장하는 과정에서 진번을 복속했다는 것은, 연나라의 진개가 고조선을 침략한 뒤 후퇴했음을 알게 해준다. 「조선열전」 첫머리에 연나라가 전성기에 진번과 조선(뒤에 조선현이 된 지역)을 복속시켰다고 했는데, 이것은 진개의 고조선 침략을 말한다. 그 뒤 위만조선이 건국되어 영토를 확장하는 과정에서 다시 진번을 복속시켰다고 기술하고 있다.

만약 진개가 후퇴하지 않았다면, 이미 서한의 영토가 되었을 진번을 위만조선이 복속시켰다는 것은 논리적으로 모순이 된다. 위만은 서한의 외신이었으므로 서한 지역으로 영토를 확장할 수는 없었을 것이고 그 반대쪽 고조선을 침략하여 영토를 넓혔을 것이다. 그런데 그 지역에 진번이 있었다는 것은 진개 침략 뒤 고조선이 이 지역을 회복했음을 알려주는 것이다. 위만조선이 새로 영토를 확장한 지역 명칭에 낙랑이나 조선이 보이지 않는 것은, 위만조선은 조선 지역에서 준왕의 정권을 빼앗아 건국되었으므로 건국과 동시에 그 지역이 위만조선의 영토가 되었기 때문이다.

여기서 우리는 낙랑군, 진번군, 임둔군, 현도군의 위치를 추정할 수 있다. 위만조선은 뒤에 낙랑군의 조선현이 된 곳에 건국되었는데, 그곳은 오늘날 난하 유역 갈석산 지역이다. 그러므로 낙랑군은 갈석산 지역에 있었고, 그 동쪽에 진번군, 임둔군, 현도군이 있었을 것이다.

요점

위만조선은 나라를 세운 뒤 서한의 외신이 되었다. 위만조선은 뒤에 낙랑군 조선현이 된 오늘날 난하 유역에서 건국하여, 그 동쪽 오늘날 요서 지역으로 영토를 확장하여 뒤에 낙랑군·진번군·임둔군이 된 지역을 모두 그 영토로 하고 있었다. 현도군은 한사군 가운데 가장 동쪽에 자리하여 오늘날 요하 서부 유역에 있었다. 이 점은 뒤에서 밝혀질 것이다.

서한은 위만조선과 어려운 전쟁을 치렀다

개관

서한은 진제국의 뒤를 이은 통일제국이었다. 그런데 건국 초에는 사회와 경제가 매우 어려웠다. 진제국 말기에는 진승과 오광이 주도한 봉기를 시작으로 전국이 혼란에 빠졌으며, 그 뒤를 이은 유방과 항우의 정권 획득을 위한 투쟁은 사회와 경제를 더욱더 피폐하게 만들었다.

따라서 서한은 건국 초에는 사회와 경제를 안정시키는 것이 급선무였다. 이를 위한 여러 가지 정책은 실효를 거두어 무제가 등극할 때에는 사회가 안정되고 국가의 재정이 매우 튼튼해졌다. 이런 좋은 상황에서 등장한 무제는 대내적으로는 황제의 위엄을 세우고 대외적으로는 국력을 과시하여 한제국의 위상을 높이고자 하였다. 안으로는 동중서의 건의를 받아들여 황제의 권위를 신성시하는 논리로 꾸며진 유가의 가르침을 정치와 학문의 지도이념으로 삼고 태산에서 봉선을 행하는 등 황제의 위엄을 높였고, 밖으로는 주변의 국가들을 정복하여 서한의 국력을 과시했다. 북쪽의 흉노 정벌, 남쪽의 남월 정벌, 동북쪽의 위만조선 정벌 등이 그 사례들이다.

서한은 그동안 위만조선을 지원하여 고조선을 견제하였으나 이제는 그럴 필요가 없다고 생각했다. 위만조선이 서한인들을 꾀여 망명객으로 끌어들이고, 위만조선 너머에 있는 이민족의 여러 나라들(고조선의 거수국들)이 서한과 교통하려는 것을 중간에서 가로막는다는 이유를 들어 위만조선을 위협하고 끝내는 정벌하기에 이르렀다.

나라의 규모를 보면 서한은 위만조선과 비교가 안 될 정도로 큰 나라였다. 서한은 수륙 양군을 다 동원하였다. 하지만 전쟁은 결코 서한에 유리하게 전개되지 않았다. 1년여에 걸친 전쟁에서 서한의 장수들과 사신들 사이에 의견 차이와 반목이 나타났다. 이로 말미암아 서한은 어려움을 겪었다. 그러나 위만조선이 내부의 분열 때문에 망하게 되고 그 지역은 서한의 영토로 편입되었다. 이어 이곳에 4개 군의 행정구역이 설치되었다. 이른바 한사군(한군현)이다.

위만조선은 고조선의 서부 영토를 차지하고 있었다. 위만조선의 경제와 사회 수준은 고조선의 것을 바탕으로 하고 있었다. 따라서 우리는 위만조선의 국력을 통해 고조선의 경제와 사회 수준을 유

추해볼 수 있다. 이를 위해 『사기』 「조선열전」의 전문을 싣는다.

사료 1
『사기』 권115 「조선열전」

(위만조선은 위만의) 아들을 거쳐 손자 우거에 이르렀는데, 꼬임에 빠진 한나라의 망명객이 점차 늘어나고 또 (한나라에) 들어와 천자를 알현하지도 않을 뿐만 아니라, 진번 옆의 여러 나라가 천자에게 서신을 올리고 알현하고자 하나 이를 막고 통하지 못하게 하였다. 그래서 원봉 2년에 한나라는 섭하를 사신으로 보내 우거를 꾸짖어 깨닫도록 하였으나, 끝내 천자의 명령을 받들지 않았다. 섭하는 돌아가면서 국경의 경계에 이르러 패수에 임하여 마부를 시켜 자신을 전송하러 나온 조선의 비왕(裨王) 장(長)을 살해하고 바로 패수를 건너 달려서 요새 안으로 들어갔다. 마침내 돌아가 천자에게 보고하면서 "조선의 장수를 죽였습니다"고 말하였다. 천자는 그것은 잘한 일이라고 생각하여 꾸짖지 않고 섭하를 요동동부도위로 임명하였다. 조선은 섭하에게 원한이 있으므로 군사를 일으켜 섭하를 공격하여 살해하였다.

傳子至孫右渠, 所誘漢亡人滋多, 又未嘗入見, 眞番旁衆國欲上書
見天子, 又擁閼不通. 元封二年, 漢使涉河譙諭右渠, 終不肯奉詔.
河去至界上, 臨浿水, 使御刺殺送河者朝鮮裨王長, 卽渡, 馳入塞.
遂歸報天子曰, 殺朝鮮將. 上爲其名美, 卽不詰, 拜河爲遼東東部

都尉. 朝鮮怨河, 發兵襲攻殺河.

위만조선과 서한이 벌인 전쟁의 원인을 전하는 내용이다. 『사기』는 중국 천자를 중심으로 한 천하질서의 역사의식을 바탕으로 편찬되었으므로, 서한에 대해 위만조선이 잘못을 저지른 것처럼 기록했지만, 자세히 보면 이 시기에 위만조선은 서한의 외신이라는 지위를 벗어나 자주적 길을 걷고자 했던 것 같다.

서한에서 위만조선으로 망명한 서한 사람들이 많았다고 했는데, 이는 위만조선이 서한보다 살기 좋은 나라였음을 알게 해준다. 위만조선을 가운데 두고 서한의 반대편에는 동이의 여러 나라들(고조선의 거수국들)이 있었는데, 위만조선이 중간에서 이들이 서한과 교통하는 것을 가로막고 있다고 트집을 잡고 있다.

여기서 귀중한 정보 하나를 얻을 수 있다. 그것은 동이의 나라가 서한의 황제에게 서신을 올려 알현하고자 했다는 것인데, 이는 당시 동이의 나라가 문자를 사용했음을 알게 해준다. 서한 황제에게 보내는 서신이었다면 한자였을 가능성이 높다.

위만조선과 서한이 벌인 전쟁은 무제 원봉 2년(서기전 109년)에 일어났다. 서한의 사신 섭하가 자신을 전송하러 나온 위만조선의 비왕 장을 살해했는데, 원한을 품은 위만조선은 요동군의 동부도위로 부임한 섭하를 공격하여 죽임으로써 전쟁이 일어나게 되었던 것이다.

요점

위만조선과 서한의 전쟁은 서한의 사신 섭하가 위만조선의 비왕 장을 죽인 것이 원인이 되었다. 섭하에게 원한을 품은 위만조선은 그가 요동군의 동부도위로 부임하자, 그를 공격하여 살해함으로써 전쟁이 일어났던 것이다.

사료 2

『사기』 권115 「조선열전」

천자는 죄인을 모집하여 조선을 공격하였다. 그 가을에 누선장군 양복을 파견하였는데, 제(齊)로부터 발해로 항해했다. 군사는 5만 명이었다. 좌장군 순체는 요동(군)[遼東(郡)]을 나와 우거를 토벌했다. 우거는 군사를 일으켜 험준한 지세를 이용해 대항했다. 좌장군의 졸정(卒正) 다(多)는 요동의 군사를 인솔하고 먼저 서둘렀는데, 싸움에 패하여 군사들이 흩어지자 다는 도망하여 돌아왔으나 법에 따라 참수되었다. 누선장군은 제의 군사 7,000명을 거느리고 먼저 왕험에 이르렀다. 우거는 성을 지키면서 누선군이 많지 않음을 살펴서 알고 바로 성을 나가 누선을 공격하니 누선군은 패하여 흩어져 도주하였다. 장군 양복은 그의 무리를 잃고 산중에서 10여 일을 숨어 지내다가 점차 흩어진 졸병들을 찾아 모아서 다시 무리를 이루었다. 좌장군은 조선의 패수서군을 공격하였으나 그들을 격파하고 스스로 전진하는 것이 불가능하였다. 천자는 두 장군이 유리하지 않다고 생각하고 곧 위산을 사신으로 보내어 군사적 위엄에 의거하고 가서 우거를 타이르도록 하였다. 우거는 사신을 보자 머리를 숙여 사죄하면서 말하기를, "항복하려고 하였으나 두 장군이 나를 속여 죽일까 두려웠습니다. 지금 신절(信節 : 황제의 사신이라는 신표)을 보았으니 항복하기를 청하옵니다."고 하였다. 그리고 태자를 서한에 보내 들어가 사죄하고 말 5,000필을 헌상하고 군량을 보내기로 하였다. (태자를 따라가는) 사람의 무리가 만여 명으로서 병기를 지참하고 막 패수를 건너려고 하는데 사신과 좌장군은 그들이 변란을 일으킬까 의심하여 태자에게 말하기를, 이미 항복했으니 사람들에게 명령을 내려 무기를 지참하지 말도록 하는 것이 마땅하지 않겠느냐고 하였다. 그런데 태자 또한 사신과 좌장군이 그를 속여 죽일까 의심하여 마침내 패수를 건너지 않고 다시 그들을 이끌고 돌아왔다. (이러한 사실을) 위산이 돌아와 천자에게 보고하니 천자는 위산을 주살하였다.

天子募罪人擊朝鮮. 其秋, 遣樓船將軍陽僕從齊浮渤海, 兵五萬人,
左將軍荀彘出遼東, 討右渠. 右渠發兵距險. 左將軍卒正多率遼東
兵先縱, 敗散, 多還走, 坐法斬. 樓船將軍將齊兵七千人先至王險.
右渠城守, 窺知樓船軍少, 卽出城擊樓船, 樓船軍敗散走. 將軍陽
僕失其衆, 遁山中十餘日, 稍求收散卒, 復聚. 左將軍擊朝鮮浿水西軍,
未能破自前. 天子爲兩將未有利, 乃使衛山因兵威往諭右渠. 右渠
見使者頓首謝, "願降, 恐兩將詐殺臣, 今見信節, 請服降." 遣太子
入謝, 獻馬五千匹, 及饋軍糧. 人衆萬餘, 持兵, 方渡浿水, 使者及
左將軍疑其爲變, 謂太子已復降, 宜命人無持兵. 太子亦疑使者左將

군 사 살 지　수 불 도 패 수　복 인 귀　산 환 보 천 자　천 자 주 산
軍詐殺之, 遂不渡浿水, 復引歸. 山還報天子, 天子誅山.

　　서한 무제는 좌장군 순체로 하여금 육군을 통솔하게 하고 누선 장군 양복으로 하여금 수군을 인솔하도록 하여 위만조선을 공격 했으나 항복을 받기는커녕, 오히려 완강하게 항거하는 위만조선과의 전투에서 패배를 맛보았다. 그래서 무제는 위산을 사신으로 보내어 우거왕을 달래는 유화책을 쓰게 되었다. 우거왕은 위산을 보자 순체와 양복 두 장군은 믿을 수가 없었는데 황제의 사신은 믿을 수가 있으므로 항복하겠다면서, 태자를 서한으로 보내 사죄하기로 하였다. 또한 말 5,000필을 헌상하고 군량을 보내기로 하였는데, 이는 위만조선의 목축과 농경이 높은 수준에 이르러 있었음을 알게 한다. 이러한 목축과 농경 수준은 고조선의 그것을 계승한 것이다.

　　그런데 국경 패수에 이르러 위산이 태자에게 그를 호위하는 무리 1만여 명의 무장을 해제할 것을 요구하자, 태자는 그의 요구에 의심을 품고 그들을 데리고 돌아오고 말았다. 위산이 이러한 사실을 무제에게 보고하자, 무제는 일 처리를 잘못한 책임을 물어 그를 주살했다는 내용이다. 위만조선 정벌이 처음부터 쉽지 않았음을 알게 한다.

요점

서한 무제는 위만조선의 군사적 정벌에 실패하자, 위산을 사신으로

보내어 우거왕의 항복을 받고자 하였다. 그런데 위산의 일 처리 잘못
으로 그것도 여의치 않게 되자, 그 책임을 물어 무제는 위산을 주살
했다.

사료 3
『사기』 권115 「조선열전」

좌장군은 패수가의 군대를 격파하고 바로 전진하여 성 아래에 이르
러 그 서북을 둘러쌌다. 누선 또한 가서 만나 성의 남쪽에 자리를 잡
았다. 우거가 마침내 견고하게 성을 지키니, 여러 달이 되도록 성을
함락할 수 없었다. 좌장군은 원래 시중으로서 황제의 총애를 받았는
데, 그가 거느린 연(燕)과 대(代)의 병사들은 거칠고 승리의 기세를 탄
군사들은 대부분 교만해 있었다. 누선장군이 거느린 제의 병사들은
바다로 들어갔는데, 본래 여러 차례 패망한 바가 있는데다 그보다 앞
선 우거와의 전쟁에서도 병사들이 도망하는 곤욕을 치렀었다. (그래
서) 병사들은 두려워하고 장수들은 부끄러워하여 우거를 포위하고
있으면서도 항상 조화와 절제를 유지하였다. 좌장군이 급하게 공격
하니, 조선의 대신들은 바로 몰래 사람을 시켜 누선에게 항복하기로
개인적으로 약속을 하였으나, 말만 오고 갔을 뿐 아직 결정하지는 못
했다. 좌장군은 여러 차례 누선과 함께 전쟁을 하기로 기약했으나,
누선은 항복하겠다는 약속을 급히 성취하려고 만나지 않았다. 좌장
군 또한 사람을 시켜 조선을 항복시킬 기회를 찾았으나, 조선은 이를

따르지 않았고 마음이 누선에게 기울어져 있었다. 그러므로 두 장군은 서로 아무것도 할 수가 없었다. 좌장군은 마음속으로 누선은 전에 군사를 잃은 죄가 있고 지금은 조선과 사사로이 친하게 지내며 또한 (조선은) 항복하지 않으니, 모반을 계획한 것이 아닌지 의심하면서도 감히 발설하지는 않았다. 천자는 말하기를, "장수가 일을 하지 못하니 전에 바로 위산을 시켜 우거를 항복하도록 타일렀다. 우거는 태자를 보냈는데, 위산은 사신으로서 전결하지 못하고 좌장군과 더불어 서로 잘못을 저질러 끝내 약속을 그르치고 말았다. 지금 두 장군이 성을 포위하고 있으나 또한 서로 생각이 다르다. 그런 까닭에 오래도록 결관이 나지 않고 있다."고 하고는 제남태수 공손수를 시켜 가서 그것을 바로잡도록 하였는데, 편의에 따라 일을 처리하도록 하였다. 공손수가 그곳에 이르니 좌장군은 말하기를, "조선은 마땅히 오래전에 함락되어야 했는데, 함락되지 않은 데에는 이유가 있습니다."고 했다. (그리고는) 누선이 여러 차례 기약을 하고서도 만나지 않은 것을 지적하고 구체적으로 평소에 가지고 있던 생각을 공손수에게 고하고는 말하기를, "지금 이와 같은데 그를 붙잡지 않는다면 큰 해가 될까 두렵습니다. 비단 누선 혼자만이 아니라 또한 그는 조선과 더불어 우리 군사를 함께 멸할 것입니다."고 했다. 공손수 역시 그렇겠다고 생각하고 부절[符節 : 사신의 신표]로써 누선장군을 불러 좌장군의 군영으로 들어 일을 계획하도록 하고는 바로 좌장군 휘하에게 명하여 누선장군을 체포하도록 하고 그 군사를 병합하였다. 이를 천자에게 보고하니 천자는 공손수를 주살하였다.

左將軍破浿水上軍, 乃前, 至城下, 圍其西北. 樓船亦往會, 居城南.
右渠遂堅守城, 數月未能下. 左將軍素侍中, 幸, 將燕代卒, 悍, 乘
勝, 軍多驕. 樓船將齊卒, 入海, 固已多敗亡, 其先與右渠戰, 困辱
亡卒, 卒皆恐, 將心慙, 其圍右渠, 常持和節. 左將軍急擊之, 朝鮮
大臣乃陰間使人私約降樓船, 往來言, 尙未肯決. 左將軍數與樓船
期戰, 樓船欲急就其約, 不會. 左將軍亦使人求間郤降下朝鮮, 朝
鮮不肯, 心附樓船, 以故兩將不相能. 左將軍心意樓船前有失軍罪,
今與朝鮮私善而又不降, 疑其有反計, 未敢發. 天子曰將率不能, 前
乃使衛山諭降右渠, 右渠遣太子, 山使不能剸決, 與左將軍計相誤,
卒沮約. 今兩將圍城, 又乖異. 以故久不決. 使濟南太守公孫遂往
正之, 有便宜得以從事. 遂至, 左將軍曰, '朝鮮當下久矣, 不下者有
狀'. 言樓船數期不會, 具以素所意告遂, 曰 '今如此不就, 恐爲大
害, 非獨樓船, 又且與朝鮮共滅吾軍'. 遂亦以爲然, 而以節召樓船
將軍入 左將軍營計事, 卽命左將軍麾下執捕樓船將軍, 幷其軍, 以
報天子, 天子誅遂.

좌장군 순체와 누선장군 양복은 군대를 다시 정돈한 뒤 위만조
선 군대를 격파하고 도성 아래까지 진격하였는데, 좌장군의 군대
는 성의 서쪽을 포위하였고 누선장군의 군대는 성의 남쪽에 주둔
하였다. 그러나 이들은 서로 생각하는 바가 다르고, 서로 자신이
위만조선의 항복을 받아 공을 세우려는 욕심 때문에 힘을 합쳐
전투에 임할 수 없었다.

이렇듯 두 장수가 전쟁에서 진전을 보이지 못하자, 무제는 제남 태수 공손수를 사신으로 보내어 일을 알아서 처리하도록 했다. 그런데 공손수는 누선장군에 대해 불만을 품고 있는 좌장군을 만나 그의 말만을 믿고서 누선장군을 체포하고 그의 군대를 좌장군의 군대에 병합하여 좌장군이 두 군대를 지휘하도록 하였다. 공손수가 돌아와 이를 무제에게 보고하니, 무제는 일을 공평하게 처리하지 못한 책임을 물어 공손수를 주살한 것이다.

요점

서한 무제는 위만조선 정벌 전쟁에서 좌장군과 누선장군이 서로 의견을 맞추지 못하고 오래도록 성과를 거두지 못하자, 다시 공손수를 사신으로 보내 처리하도록 했는데, 좌장군의 말만 믿고 누선장군을 체포하는 등 불공평하게 일을 처리한 책임을 물어 공손수를 주살하였다. 사신으로 갔던 위산과 공손수는 모두 죽임을 당하였다.

한사군은 요서 지역에 있었다

개관

한사군은 서기전 108년에 서한 무제가 위만조선을 멸망시키고 그 지역에 설치한 4개의 군을 말한다. 낙랑군, 진번군, 임둔군, 현도군이 그것이다. 『사기』 「조선열전」에는 서한은 위만조선을 평정하고 4개의 군을 만들었다고만 기록되어 있고, 군 이름은 기록되어 있지 않다. 『한서』 「서남이양월조선전」의 〈조선전〉 부분에 비로소 군 이름이 보인다.

한사군은 서한의 행정구역이므로 그 지역이 서한의 영토가 되었음을 뜻한다. 이렇게 되어 고조선은 서한과 국경을 직접 맞대게 되었다. 이전에는 고조선과 서한 사이에 위만조선이 끼어 있었으나 이제는 국경을 접하게 된 것이다. 한사군의 위치는 한반도 북부와 남만주에 걸쳐 있었다는 게 학계의 통설이다. 한사군은 위만조선 지역에 설치되었고, 위만조선이 고조선의 뒤를 이어 같은 지역에 있었다고 본 데서 연유한 것이다. 그렇다면 한반도 북부는 서한의 영토였다는 것이 된다.

그리고 요하 동쪽의 만주와 연해주 및 한반도에 있었던 여러 나라, 즉 부여, 읍루, 고구려, 동옥저, 동예, 한 등은 한사군 지역에서 건국되었다는 논리가 성립된다. 고구려국이 현도군의 고구려현에서 건국되었다는 주장은 여기에 근거를 두고 있다. 다음에 검토되겠지만, 이러한 주장은 잘못된 것이다.

상식적으로 생각해보자. 위에 소개한 여러 나라와 『삼국사기』 「고구려본기」에 보이는 졸본부여, 비류국, 행인국, 해두국, 개마국, 구다국, 조나국, 주나국 등의 나라는 고조선의 뒤를 이은 나라들로서 한사군이 존재했던 시기에 요동 지역에 있었는데, 어떻게 한사군이 같은 지역에 이들과 중첩하여 자리할 수 있었겠는가.

앞에서 확인된 바와 같이 위만조선은 난하 유역에서 건국된 뒤 영토를 넓혀 오늘날 요서 지역을 차지하고 있었다. 그러므로 위만조선 지역에 설치된 한사군도 오늘날 요서 지역에 있었던 것이다. 한사군은 고구려의 공격을 받아 서기전 82년에 진번군과 임둔군은 폐지되고 낙랑군과 현도군만 남아 2군이 되었다가, 서기 200년 무렵에 낙랑군의 남부를 나누어 대방군을 설치함에 따라 낙랑군, 대방군, 현도군 3군이 되었다. 문헌에 한사군을 4군 또는 2군, 3군 등으로 기록된 것은 이러한 이유 때문이다. 서기 313~315년 고구려 미천왕의 공격을 받아 맨 서쪽에 있었던 낙랑군이 축출됨

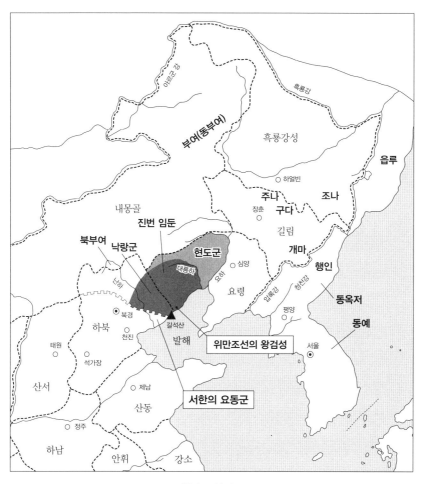

한사군 위치도

으로써 한사군은 요서 지역에서 모두 사라졌다. 고구려는 고조선의 서부 영토를 모두 수복했던 것이다.

사료 1
『사기』 권115 「조선열전」

좌장군은 두 군사를 병합하였으므로 바로 급속하게 조선을 공격하였다. 조선상(朝鮮相) 노인(路人), 상(相) 한음(韓陰), 이계상(尼谿相) 삼(參), 장군 왕겹(王唊)은 서로 모의하여 말하기를, "처음에 누선에게 항복하고자 하였는데, 누선은 지금 체포되고 좌장군 혼자서 군사를 병합하여 거느리고 있으니, 전세는 더욱 급한데 대항하여 싸울 수 없으니 두려우나 왕은 또한 항복하려 하지 않는다."고 하고는 한음, 왕겹, 노인 등은 모두 도망하여 한에게 항복하였다. 노인은 도망하다 길에서 죽었다. 원봉 3년(서기전 108년) 여름에 이계상 삼은 이에 사람을 시켜 조선왕 우거를 죽이고 와서 항복하였다. 그러나 왕험성은 아직 함락되지 않았으므로 우거의 대신 성사(成巳)가 또 반항하며 다시 군리를 공격하였다. 좌장군은 우거의 아들 장항과 상(相) 노인의 아들 최(最)로 하여금 그 백성들을 타이르도록 하고 성사를 죽이니, 이렇게 됨으로써 조선은 마침내 평정되어 4개의 군이 되었다. 삼을 봉하여 홰청후로 삼고, 음을 적저후로 삼았으며, 겹을 평주후로 삼았고, 장항을 기후로 삼았으며, 최는 아버지가 죽은 공로가 있으므로 온양후로 삼았다.

<ruby>左<rt>좌</rt></ruby><ruby>將<rt>장</rt></ruby><ruby>軍<rt>군</rt></ruby><ruby>已<rt>이</rt></ruby><ruby>并<rt>병</rt></ruby><ruby>兩<rt>양</rt></ruby><ruby>軍<rt>군</rt></ruby>, <ruby>卽<rt>즉</rt></ruby><ruby>急<rt>급</rt></ruby><ruby>擊<rt>격</rt></ruby><ruby>朝<rt>조</rt></ruby><ruby>鮮<rt>선</rt></ruby>, <ruby>朝<rt>조</rt></ruby><ruby>鮮<rt>선</rt></ruby><ruby>相<rt>상</rt></ruby><ruby>路<rt>로</rt></ruby><ruby>人<rt>인</rt></ruby>・<ruby>相<rt>상</rt></ruby><ruby>韓<rt>한</rt></ruby><ruby>陰<rt>음</rt></ruby>・<ruby>尼<rt>이</rt></ruby><ruby>谿<rt>계</rt></ruby><ruby>相<rt>상</rt></ruby><ruby>參<rt>삼</rt></ruby>・

左將軍已并兩軍, 卽急擊朝鮮, 朝鮮相路人・相韓陰・尼谿相參・

將軍王唊相與謀曰, '始欲降樓船, 樓船今執, 獨左將軍并將, 戰益急, 恐不能與, 王又不肯降'. 陰・唊・路人皆亡漢降. 路人道死. 元封三年夏, 尼谿相參乃使人殺朝鮮王右渠來降. 王險城未下, 故右渠之大臣成巳又反, 復攻吏. 左將軍使右渠子長降・相路人之子最告諭其民, 誅成巳, 以故遂定朝鮮, 爲四郡. 封參爲澅淸侯, 陰爲荻苴侯, 唊爲平州侯. 長降爲幾侯, 最以父死頗有功, 爲溫陽后.

위 사료는 『사기』「조선열전」의 끝 부분으로서 위만조선의 멸망에 관한 기록이다. 위만조선은 서기전 108년에 내부 분열이 일어나 위만조선의 대신 이계상 삼이 우거왕을 죽이고 서한에 와서 항복했다. 그런데 우거왕은 죽었으나 도읍인 왕험성(왕검성)은 아직 함락되지 않은 상태에서 대신 성사가 반항을 했다. 이에 서한의 좌장군 순체는 우거왕의 아들 장항과 상 노인의 아들 최를 시켜 위만조선 백성들을 타이르도록 하는 한편 성사를 죽임으로써 조선을 마침내 멸망시키고, 그 영토는 4개의 군이 되었다는 내용이다. 이것이 한사군이다. 그리고 서한에 협조한 삼, 음, 겹, 장항, 최 등은 후로 봉해졌다는 것이다.

『사기』「조선열전」에는 위만조선이 망하고 그 지역에 4개의 군이 설치되었다고 했을 뿐 군 이름은 기록되어 있지 않다. 그런데 『한서』「서남이양월조선전」에는 진번, 임둔, 낙랑, 현도라는 4개의 군 이름이 보인다. 『사기』에 군 이름이 보이지 않은 것으로 미루어 실제로는 한사군이 설치되지 않았을 것이라고 주장하는 학자도 있다. 그러나 『사기』에 비록 군 이름은 보이지 않지만 4개의 군을 설치했다고 기록한 점과 『한서』에 4개의 군 이름이 보이는 점을 그냥 지나칠 수는 없다.

한사군을 삼, 음, 겹, 장항, 최 등이 후로 봉해진 것과 연관하여 한사군의 위치를 이들이 봉해진 곳으로 추정하는 학자도 있다. 그러나 군과 후는 성격이 전혀 다르다. 군은 군수라는 관리가 다스리는 행정구역이고, 후는 국가에 공로가 있는 사람에게 봉지와 더불어 내린 작위의 명칭이다. 그러므로 한사군과 삼, 음, 겹, 장항, 최 등이 받은 후라는 작위는 전혀 관계가 없다. 이를 혼동해서는 안 된다.

요점

서한은 위만조선을 멸망시키고 그 지역에 한사군을 설치하였다. 『사기』 「조선열전」에는 4개의 군을 설치했다고만 기록되어 있고, 군 이름은 기록되어 있지 않다. 군 이름은 다음에 소개할 『한서』 「서남이양월조선전」에 보인다.

사료 2
『한서』 권95 「서남이양월조선전」

좌장군은 우거의 아들 장항과 상 노인의 아들 최로 하여금 그 백성

들을 타이르도록 하고 성사를 죽였다. 이렇게 됨으로써 조선은 마침
내 평정되어 진번·임둔·낙랑·현도 4개의 군이 되었다.

<ruby>左<rt>좌</rt></ruby><ruby>將<rt>장</rt></ruby><ruby>軍<rt>군</rt></ruby><ruby>使<rt>사</rt></ruby><ruby>右<rt>우</rt></ruby><ruby>渠<rt>거</rt></ruby><ruby>子<rt>자</rt></ruby><ruby>長<rt>장</rt></ruby><ruby>降<rt>항</rt></ruby>, <ruby>相<rt>상</rt></ruby><ruby>路<rt>로</rt></ruby><ruby>人<rt>인</rt></ruby><ruby>子<rt>자</rt></ruby><ruby>最<rt>최</rt></ruby>, <ruby>告<rt>고</rt></ruby><ruby>諭<rt>유</rt></ruby><ruby>其<rt>기</rt></ruby><ruby>民<rt>민</rt></ruby>, <ruby>誅<rt>주</rt></ruby><ruby>成<rt>성</rt></ruby><ruby>巳<rt>사</rt></ruby>. <ruby>故<rt>고</rt></ruby><ruby>遂<rt>수</rt></ruby><ruby>定<rt>정</rt></ruby><ruby>朝<rt>조</rt></ruby><ruby>鮮<rt>선</rt></ruby>
<ruby>爲<rt>위</rt></ruby><ruby>眞<rt>진</rt></ruby><ruby>番<rt>번</rt></ruby>·<ruby>臨<rt>임</rt></ruby><ruby>屯<rt>둔</rt></ruby>·<ruby>樂<rt>낙</rt></ruby><ruby>浪<rt>랑</rt></ruby>·<ruby>玄<rt>현</rt></ruby><ruby>菟<rt>도</rt></ruby><ruby>四<rt>사</rt></ruby><ruby>郡<rt>군</rt></ruby>.

반고의 『한서』 「서남이양월조선전」의 「조선전」 기록이다. 『한서』
「조선전」은 전체적인 내용은 『사기』 「조선열전」을 거의 그대로 옮
겨놓고 있다. 그런데 『사기』 「조선열전」은 위만조선이 멸망하고
그곳에 4군이 설치되었다고만 말하고 군 이름은 밝혀놓지 않았으
나, 『한서』 「조선전」에는 진번, 임둔, 낙랑, 현도의 군 이름이 추가
되어 있다.

요점

위만조선이 망하고 그 지역에 설치된 한사군의 명칭은 진번군, 임둔
군, 낙랑군, 현도군이었다.

사료 3
『한서』 권28 「지리지」 하

낙랑군은 서한 무제 원봉 3년(서기전 108년)에 열었다.

현도군은 서한 무제 원봉 4년(서기전 107년)에 열었다.

樂浪郡, 武帝元封三年開. 玄菟郡, 武帝元封四年開.

　낙랑군은 서기전 108년에 설치되었고 현도군은 서기전 107년
에 설치되었으므로 현도군이 1년 늦게 설치되었다. 위만조선은 앞
에서 확인했듯이 서기전 108년에 멸망했다. 그러므로 낙랑군은
위만조선 멸망과 동시에 설치되었고 현도군은 그보다 1년 늦게
설치되었던 것이다. 진번군과 임둔군은 설치 뒤 오래지 않아 폐지
되었으므로『한서』「지리지」에 실려 있지 않다. 그러므로 설치 연
대를 확인할 수 없다.
　그렇지만 앞에서 확인했듯이 위만조선이 영토를 넓히는 과정에
서 진번과 임둔을 복속시켰다는 기록이 있으므로, 이 지역은 위만
조선 멸망 전에 이미 위만조선의 영토에 포함되어 있었음을 알
수 있다. 따라서 진번군과 임둔군은 낙랑군과 더불어 위만조선이
멸망한 서기전 108년에 설치되었을 것이다.
　이렇게 보면, 현도군만 다른 세 군보다 1년 늦게 설치된 셈인데,
현도군이 설치된 지역은 위만조선 영토 밖이었을 것이다. 서한은
위만조선을 멸망시키고 여세를 몰아 1년에 걸친 침공 끝에 고조
선의 서부 영토 일부를 차지하여 그곳에 현도군을 설치했을 것이
다. 그러므로 현도군은 한사군 가운데 가장 동쪽에 자리했을 것인
데, 오늘날 대릉하와 요하 사이였을 것이다.

『삼국사기』「고구려본기」와 『후한서』「동이열전」 및 『삼국지』「오환선비동이전」에 따르면, 이 시기에 오늘날 요동 지역에는 졸본부여·비류국·행인국·해두국·개마국·구다국·조나국·주나국·부여·고구려·읍루·동옥저·동예·최씨낙랑·한 등의 나라가 있었다. 이들은 원래 고조선의 거수국으로 있다가 독립한 한민족의 나라들이다. 한사군이 이들과 같은 지역에 겹쳐서 자리할 수는 없는 것이다. 그러므로 오늘날 요하를 경계로 하여 그 동쪽에는 고조선이 있다가 그 후계세력인 여러 나라로 교체되었고, 그 서쪽에는 한사군이 있었다고 보아야 한다. 이 점은 뒤에서 다시 논의될 것이다.

요점

현도군은 한사군 가운데 가장 동쪽에 있었는데, 그 위치는 오늘날 대릉하와 요하 사이였다. 오늘날 요하 동쪽에는 고조선이 있다가 분열하여 졸본부여·비류·행인·해두·개마·구다·조나·주나·부여·읍루·고구려·동옥저·동예·최씨낙랑·한 등이 있게 되었다.

사료 4
『한서』권64 「엄주오구주부서엄종왕가전」

서쪽으로는 여러 나라가 연이어져 안식에 이르고, 동쪽으로는 갈석을 지나 현도와 낙랑으로써 군을 만들었으며, 북쪽은 흉노를 만 리

밖으로 쫓아내어 병영과 요새를 다시 일으켰다.

西連諸國至于安息, 東過碣石以玄菟・樂浪爲郡, 北卻匈奴萬里, 更起營塞.

앞에서 확인된 바와 같이 한사군은 갈석산을 서쪽 경계로 하여 동쪽으로는 오늘날 요하에 이르는 지역, 즉 오늘날 요서 지역에 설치되었다. 위의 기록은 앞의 고증이 옳다는 것을 뒷받침한다. 낙랑군과 현도군은 갈석산을 서쪽의 기점으로 하여 그 동쪽에 있었다고 말하고 있는 것이다.

요점

낙랑군과 현도군은 갈석산의 동쪽, 즉 오늘날 요서 지역에 자리해 있었다.

사료 5

『한서』 권7 「소제기」 〈시원 5년〉조

담이군과 임둔군을 폐지했다.

罷儋耳・臨屯郡.

사료 6

『후한서』 권85 「동이열전」 〈예전〉

소제 시원 5년(서기전 82년)에 이르러 임둔군과 진번군을 폐지하여 낙랑군과 현도군에 병합하였다.

至昭帝始元五年, 罷臨屯·眞番, 以幷樂浪·玄菟.
<small>지 소 제 시 원 오 년　파 임 둔　진 번　이 병 낙 랑　현 도</small>

위의 『한서』와 『후한서』 기록은 한사군 가운데 임둔군과 진번군은 서기전 82년에 폐지되어 낙랑군과 현도군에 합해졌음을 말해 준다. 이들이 설치된 뒤 26년 만의 일이다. 그렇기 때문에 『한서』 「지리지」에는 한사군 가운데 낙랑군과 현도군만 등재되어 있고 진번군과 임둔군은 보이지 않는 것이다.

요점

한사군 가운데 임둔군과 진번군은 설치된 뒤 26년 만인 서기전 82년에 폐지되어 낙랑군과 현도군 2군이 되었다. 뒤에 공손강이 낙랑군의 남부를 나누어 대방군을 설치함으로써 낙랑·대방·현도 3개의 군이 되었다. 그러므로 문헌에 따라서는 한사군을 2군 또는 3군이라 기록하기도 하였다.

『삼국지』 권30 「오환선비동이전」 〈한전〉

건안 연간(196~220년)에 공손강은 둔유현 이남을 나누어 변방의 땅을 대방군으로 만들었다.

<ruby>建<rt>건</rt></ruby><ruby>安<rt>안</rt></ruby><ruby>中<rt>중</rt></ruby>, <ruby>公<rt>공</rt></ruby><ruby>孫<rt>손</rt></ruby><ruby>康<rt>강</rt></ruby><ruby>分<rt>분</rt></ruby><ruby>屯<rt>둔</rt></ruby><ruby>有<rt>유</rt></ruby><ruby>縣<rt>현</rt></ruby><ruby>以<rt>이</rt></ruby><ruby>南<rt>남</rt></ruby>, <ruby>荒<rt>황</rt></ruby><ruby>地<rt>지</rt></ruby><ruby>爲<rt>위</rt></ruby><ruby>帶<rt>대</rt></ruby><ruby>方<rt>방</rt></ruby><ruby>郡<rt>군</rt></ruby>.

　『한서』「지리지」〈낙랑군〉조 기록을 보면, 둔유현은 낙랑군에 속해 있던 25개 현 가운데 하나였다. 그러므로 대방군은 낙랑군의 남부를 분할하여 설치했음을 알 수 있다. 낙랑군은 오늘날 난하 유역에 있었으므로 대방군은 난하 하류 유역에 있었음을 알 수 있다.

요점

대방군은 낙랑군의 남부 지역이 나뉘어져 설치되었다. 그곳은 오늘날 난하 하류 유역이었다. 대방군이 설치됨으로써 한사군은 3군이 되었다. 낙랑·임둔·진번·현도 4군에서 낙랑·현도 2군이 되었다가 낙랑·대방·현도 3군이 되었던 것이다.

고구려는 고구려현에서 건국되지 않았다

개관

　고구려국은 현도군의 고구려현에서 건국되었다는 견해가 통설로 되어 있다. 이러한 견해는 현도군의 위치를 오늘날 요동과 한반도 북부 지역으로 보고 있는 것이 바탕이 되어 있다. 고구려의 건국지인 요동과 현도군의 위치가 일치하고 현도군 안에 있는 고구려현과 고구려국의 명칭이 일치하므로, 고구려국은 현도군의 고구려현에서 건국되었다는 것이다.

　그러나 이런 견해에는 근본적인 잘못이 있다. 현도군은 낙랑군과 더불어 『후한서』 「군국지」에 실려 있는데, 고구려국은 같은 책 「동이열전」에 실려 있다. 「군국지」는 동한의 국내 행정구역에 관한 기록이고 「동이열전」은 동한의 동쪽 국경 밖 이민족 국가에 관

한 기록이다.「동이열전」에 등장한 부여·읍루·고구려·동옥저·
동예·한 등은 오늘날 요하 동쪽 만주와 연해주 및 한반도에 걸쳐
있었다. 요동 지역에는 이 밖에도 졸본부여·비류국·행인국·해두
국·개마국·구다국·조나국·주나국·갈사국 등이 있었던 것은
『삼국사기』「고구려본기」에 기록되어 있다. 이러한 사실은 뒤에
소개할 사료들이 입증해줄 것이다.

　이들 여러 나라가 있기 전 요하 동쪽의 만주와 연해주 및 한반
도에는 고조선이 있었다. 뒤에 소개되겠지만,『후한서』「동이열전」
〈예전〉에는 "예 및 옥저, 고구려는 본래 모두 조선의 땅이었다"고
기록되어 있는데, 기자국(기자조선), 위만조선 등은 요서 지역에 있
었으므로 이 조선은 고조선일 수밖에 없다. 위에 소개된 여러 나
라는 고조선의 거수국으로 있다가 독립한 나라들인 것이다. 따라
서 낙랑군과 현도군은 이들과 겹쳐 요동에 자리할 수는 없다. 낙
랑군과 현도군은 요서 지역에 자리했을 수밖에 없는 것이다.

　그러므로 현도군에 속해 있었던 고구려현은 요서에 있었고 고
구려국은 요동 지역에 있었던 것이다. 그 위치가 서로 다르므로
고구려국이 고구려현에서 건국되었다는 논리는 성립될 수 없는
것이다.『삼국사기』「고구려본기」〈시조 동명성왕〉조에 고구려는
졸본[卒本 : 광개토대왕릉비문(廣開土大王陵碑文)에는 비류곡(沸流谷) 홀본서성(忽
本西城)이라 했음]에서 건국된 것으로 기록되어 있을 뿐 고구려의 건
국지를 현도군의 고구려현과 연결시킨 내용은 찾아볼 수 없다. 그
곳에는 고구려보다 앞서 졸본부여라는 나라가 있었다는 곳을 전
하고 있는 것이다.

고구려족은 단군신화에 등장하는 곰 숭배 종족으로서 고조선 건국에 핵심세력으로 참여했고, 고조선의 거수국으로 있다가 고조선이 분열됨에 따라 독립한 나라이다. 그러므로 고구려는 한민족의 나라인 것이다. 그러면 무슨 까닭으로 현도군에 고구려현이 있었을까.

고구려족은 역사가 오랜 종족이어서 여러 곳에 분포되어 있었다. 오늘날의 요서 지역은 원래 고조선의 영토로서 한민족의 활동 지역이었다. 그러므로 고구려 사람들은 요서에도 살았고 요동에도 살았다. 예나 옥저, 낙랑 등도 마찬가지였다. 그런데 서한은 요서 지역을 차지한 뒤 행정구역을 만들면서 고구려 사람이 많이 사는 곳을 고구려현이라고 이름 붙였다. 한편 요동의 졸본에 살던 고구려 사람들은 그곳에서 고주몽을 중심으로 고구려국을 세웠다. 그 결과 하나는 서한의 행정구역 명칭으로 다른 하나는 국명으로, 요서와 요동에 존재하게 되었던 것이다.

사료 1

『한서』 권28 「지리지」 하 〈현도군〉조

고구려현에는 요산이 있는데 요수가 나오는 곳이다. 요수는 서남의 요대에 이르러 대요수로 들어간다.

고 구 려　요 산　요 수 소 출　서 남 지 요 대 입 대 요 수
高句驪, 遼山, 遼水所出, 西南至遼隊入大遼水.

사료 2

『후한서』 권23 「군국지」 〈현도군〉조

고구려현에는 요산이 있고 요수가 나온다.

고 구 려   요 산   요 수 출
高句驪, 遼山, 遼水出.

　　한사군의 현도군에는 고구려현이 있었다. 『한서』 「지리지」에 현도군의 고구려현에는 요산이 있고 요수라는 강이 있다고 했는데, 『후한서』 「군국지」에서도 같은 내용이 기록되어 있다. 이것은 한사군이 설치된 서한시대의 고구려현과 동한시대의 고구려현은 동일한 행정구역의 명칭임을 알게 해준다.

　　앞에서 말한 바 있지만, 『후한서』 「군국지」는 동한의 국내 행정구역인 군과 국에 관한 기록이다. 예를 들면 동한에는 요동군이 있었고 요동속국도 있었다. 거듭 말하지만 「군국지」는 이런 국내 행정구역에 관한 기록이다. 그러므로 뒤에 소개할 「동이열전」과는 그 성격과 지리적 위치에 대한 내용이 다르다. 「동이열전」은 동한의 동북 국경 밖의 이민족 국가에 관한 기록이기 때문이다.

요점

『후한서』의 「군국지」와 「동이열전」은 그 성격과 지리적 위치에 대한 내용이 다르다. 그러므로 「군국지」의 현도군 고구려현과 「동이열전」

의 고구려국은 그 성격과 위치가 다르다.

사료 3
『후한서』 권85 「동이열전」〈한전〉

한에는 세 종족이 있다. 첫째는 마한이고 둘째는 진한이며 셋째는 변
진이다. 마한은 서쪽에 있는데, 54개의 국이 있고 그 북쪽은 낙랑, 남
쪽은 왜와 접하였다. 진한은 동쪽에 있는데, 12개의 국이 있으며 그
북쪽은 예맥과 접하였다. 변진은 진한의 남쪽에 있는데, 또한 12개의
국이 있으며 그 남쪽도 왜와 접하였다.

韓有三種, 一曰馬韓, 二曰辰韓, 三曰弁辰. 馬韓在西, 有五十四國,
其北與樂浪, 南與倭接. 辰韓在東, 十有二國, 其北與濊貊接. 弁辰
在辰韓之南, 亦十有二國, 其南亦與倭接.

　『후한서』「동이열전」에 기록된 순서를 따른다면, 부여, 읍루, 고
구려, 동옥저, 예, 한 등의 차례로 살펴보아야 한다. 하지만 나는
한반도 남단에 자리했던 한에 관한 기록부터 소개하고자 한다. 그
이유는 이들 나라의 위치를 확인하는 데 한반도 남쪽부터 보는
것이 편리하기 때문이다. 여기서 우선 눈에 띠는 것은 그 나라의
명칭을 한이라 부르고 있다는 점이다. 현재 통용되는 한국사 체계

에서는 사료에 따라 한 또는 한국(韓國)이라 부르는 것이 옳을 것이다.

마한과 변진은 왜와 접했다고 했으므로 위의 내용을 종합해 보면, 마한은 한반도 서남부에 자리하여 남쪽 해안선까지 차지하고 있었으며, 그 동쪽의 북부에 진한, 남부에 변진이 자리했음을 알 수 있다. 변진의 명칭은 『삼국지』「오환선비동이전」에는 변한(弁韓)이라 기록되어 있다. 학계는 이를 따르고 있다.

이들의 위치를 마한은 오늘날 황해도·경기도·충청남북도·전라남북도, 진한은 경상북도, 변진은 경상남도 지역에 있었다고 보는 견해는 위의 기록에 근거한 것이다. 한의 영역을 이렇게 보는 것은 고조선이 붕괴되어 여러 나라로 분립되어 있던 열국시대의 상황을 말하는 것이며, 고조선시대에 한은 고조선의 거수국으로서 그 영역이 북쪽으로 청천강 유역까지 이르렀던 것으로 추정된다.

요점

마한은 오늘날 황해도·경기도·충청남북도·전라남북도를 차지하고 있었고, 진한은 경상북도, 변진은 경상남도를 차지하고 있었다. 한의 영역은 이 지역을 모두 합한 것이다. 고조선의 거수국이던 시기에는 북쪽으로 청천강 유역까지였다.

사료 4

『후한서』 권85 「동이열전」 〈예전〉

예는 북쪽은 고구려와 옥저, 남쪽은 진한과 접하였고, 동쪽은 넓은
바다에서 끝났으며, 서쪽은 낙랑에 이르렀다. 예 및 옥저, 고구려는
본래 모두 조선의 땅이었다.

濊北與高句麗·沃沮, 南與辰韓接, 東窮大海, 西至樂浪, 濊及沃
沮·句麗, 本皆朝鮮之地也.

　　이 예를 일반적으로 동예라 부른다. 동예의 남쪽은 진한(오늘날
경상북도), 동쪽은 넓은 바다라고 했으므로, 동예는 오늘날 강원도
지역에 있었음을 알 수 있다. 서쪽은 낙랑이라 했는데『삼국사기』
「고구려본기」〈대무신왕〉조에 고구려의 남쪽에 낙랑국[최리왕이 통
치]이 있었음을 알게 해주는 기록이 보인다. 동예는 이 낙랑국과
국경을 접하고 있었던 것이다. 당시 고구려 영토가 청천강까지였
을 것으로 추정되므로 이 지역이 동예의 북쪽 경계였을 것이다.
　　이 사료는 매우 중요한 언급을 하고 있다. 동예와 그 북쪽의 옥
저, 고구려가 본래 조선의 영토였다는 것이다. 이 조선은 열국시
대 이전에 있었던 조선일 수밖에 없는데, 앞에서 확인된 바에 따
르면, 기자국, 위만조선, 한사군 등은 오늘날 요서 지역에 있었으
므로, 이들과는 위치가 맞지 않다. 그러므로 여기서 말하는 조선

은 고조선일 수밖에 없다. 요하 동쪽의 만주와 한반도에는 원래 고조선이 있었고, 그 고조선이 분열되어 여러 나라가 되었음을 알게 해준다.

요점

동예는 오늘날 강원도 지역에 있었다. 동예와 동옥저, 고구려의 영토는 그 이전에는 모두 고조선의 영토였다.

사료 5
『후한서』 권85 「동이열전」〈동옥저전〉

동옥저는 고구려 개마대산의 동쪽에 있다. 동쪽은 넓은 바다에 맞닿았으며 북쪽은 읍루와 부여, 남쪽은 예맥과 접하였다. 그 땅은 동서로는 좁고 남북으로는 길어 사방 1,000리의 절반쯤 된다.

_{동 옥 저 재 고 구 려 개 마 대 산 지 동　동 빈 대 해　북 여 읍 루　부 여　남 여 예}
東沃沮在高句驪蓋馬大山之東, 東濱大海, 北與挹婁·夫餘, 南與濊
_{맥 접　기 지 동 서 협　남 북 장　가 절 방 천 리}
貊接. 其地東西夾, 南北長, 可折方千里.

　동옥저는 예맥의 북쪽에 자리하여 그 동쪽에는 바다가 있고 서쪽에는 고구려의 개마대산이 있으며 북쪽에는 읍루와 부여가 있는데, 남북으로 길고 동서로 좁다고 했으므로 대체로 오늘날 함경남북도 지역이었음을 알 수 있다.

요점

동옥저는 오늘날 함경남북도 지역에 있었다.

사료 6

『후한서』 권85 「동이열전」 〈고구려전〉

고구려는 요동의 동쪽 1,000리 떨어진 곳에 있다. 남쪽은 조선·예맥, 동쪽은 옥저, 북쪽은 부여와 접하였다. 땅은 사방 2,000리이다.

고 구 려 재 요 동 지 동 천 리   남 여 조 선   예 맥   동 여 옥 저   북 여 부 여 접
高句驪在遼東之東千里, 南與朝鮮·濊貊, 東與沃沮, 北與夫餘接.
지 방 이 천 리
地方二千里.

　위 사료는 아주 중요한 정보 2개를 제공한다. 고대 요동의 위치와 조선의 존재가 그것이다. 고구려는 남쪽은 예맥과 조선, 동쪽은 옥저(동옥저), 북쪽은 부여와 접했다고 하므로, 오늘날 함경도의 서쪽, 강원도의 북쪽에 자리했음을 알 수 있다. 대체로 오늘날 요동 지역과 압록강 유역을 포괄한 지역이다. 그런데 고구려는 요동의 동쪽 1,000리 떨어진 곳에 있었다고 말하고 있다. 이것은 고대의 요동은 오늘날 요동으로부터 서쪽으로 멀리 떨어진 곳이었음

을 알게 해준다. 고대의 요동과 오늘날 요동은 위치가 달랐던 것이다.

위 사료에 따르면, 고구려 남쪽에 조선이 있었다. 앞에서 소개된 〈한전〉에 마한의 북쪽에 낙랑이 있다고 했고 〈예전〉에는 동예의 서쪽에 낙랑이 있다고 했는데, 위 사료는 고구려의 남쪽에 동예와 더불어 조선이 있다고 했으니, 이 조선의 위치는 낙랑국(최리왕의 낙랑)과 고구려의 사이에 있었다는 것이 되므로 오늘날 청천강 남부 유역이었을 것이다.

이 조선에 대해 『삼국지』「오환선비동이전」〈예전〉에는 '오늘날 조선[今朝鮮]'이라고 기록되어 있다. 그러므로 이 조선은 『삼국지』가 편찬되던 시기까지도 있었던 조선임이 분명하다. 열국시대의 조선인 것이다. 나는, 이 조선은 고조선이 붕괴된 뒤 단군 일족이 정착한 소국이라고 추정한다. 묘향산에 단군과 관계된 유적과 전설이 남아 있는 것은 이 조선과 관계가 있을 것이다.

요점

고구려는 오늘날 요동 지역과 압록강 유역을 포괄하고 있었다. 고대의 요동은 오늘날 요동으로부터 서쪽으로 1,000리 떨어진 곳에 있었다. 그리고 고구려의 남쪽 청천강 남부 유역에는 단군 일족이 정착한 조선이라는 소국이 있었을 것이다.

『후한서』 권85 「동이열전」〈읍루전〉

읍루는 옛 숙신의 나라이다. 부여로부터 동북으로 천여 리 떨어진 곳
에 있는데, 동쪽은 넓은 바다에 맞닿아 있고 남쪽은 북옥저와 접해
있으며, 그 북쪽의 끝나는 곳은 어디인지 알지 못한다.

挹婁, 故肅愼之國也. 在夫餘東北千餘里, 東濱大海, 南與北沃沮
接, 不知其北所極.

　　읍루는 부여의 동북쪽, 북옥저의 북쪽에 있었다는 기록인데, 부
여는 다음에 확인되겠지만 오늘날 길림성 북부와 흑룡강성을 차
지하고 있었다. 그리고 옥저가 함경도에 있었으므로 읍루는 연해
주에 위치해 있었음을 알 수 있다. 읍루는 옛 숙신의 나라라고 한
것에 근거하여 숙신은 본래 연해주에 거주했던 종족으로 보는 것
이 통설이다.

　　그러나 그게 그렇지 않다. 『죽서기년』에는 숙신이 서기전 2209
년에 제순을 방문한 것으로 기록되어 있는데, 이것은 동이의 종족
(또는 나라)이 중국을 방문한 매우 이른 시기의 기록이다. 그 뒤에도
무왕이 주나라를 건국했을 때와 '성주대회'를 열었을 때에도 이를
축하하기 위한 숙신의 사절이 주나라를 방문했다. 연해주는 동이
족의 거주지 가운데 가장 먼 곳인데, 그곳에 거주한 숙신이 황하
유역과 가까운 요서 지역에 거주한 동이족보다 일찍 중국과 교류

를 가졌다는 것은 납득하기 어렵다.

숙신은 본래 오늘날 요서 서부 지역에 거주했음을 알게 하는 기록이 『대대례기』 「오제덕기」, 『사기』 「오제본기」와 「사마상여전」, 『춘추좌전』 〈소공 9년〉조 등에 보인다. 오늘날 요서 서부 지역에 거주하던 숙신은 연해주로 이주하여 읍루를 건국했다. 그러므로 읍루의 지배층은 숙신족이고 피지배층은 그곳 토착인들이었다.

숙신은 한민족을 구성했던 종족이었으므로, 읍루는 한민족이 건국한 한민족의 나라였다. 사료의 첫머리에 기록된 "읍루는 옛 숙신의 나라다."라는 말은 옛날 숙신이라 불리던 종족이 세운 나라라는 뜻인 것이다. 굳이 이러한 설명을 한 것은, 나라 이름을 숙신이라 하지 않고 읍루라 했기 때문에, 건국의 주체세력이 누구였는지를 밝히기 위해서였다고 생각한다.

요점

읍루는 연해주에 있었다. 읍루는 원래 요서 서부에 거주하던 숙신이 이주하여 세운 나라로서 숙신족은 지배층, 그곳 토착인들은 피지배층이 되었다. 숙신은 한민족이므로 읍루는 한민족의 나라다.

사료 8

『후한서』 권85 「동이열전」 〈부여국전〉

부여국은 현도 북쪽 1,000리 떨어진 곳에 있다. 남쪽은 고구려, 동쪽은 읍루, 서쪽은 선비와 접하였다. 북쪽에는 약수가 있다. 땅은 사방 2,000리로서 본래 예(濊)의 땅이었다.

夫餘國, 在玄菟北千里. 南與高句驪, 東與挹婁, 西與鮮卑接, 北有
弱水. 地方二千里, 本濊地也.

부여의 남쪽에 고구려와 현도가 있었다면, 고구려는 오늘날 요동 지역에 있었으므로, 현도군은 요서 지역에 있었을 수밖에 없다. 길림성 북부에 부여현[夫餘縣 : 오늘날 송원(松原)으로 개명]이 있는데, 이곳이 부여의 중심이었을 것이다. 부여의 북쪽에는 약수가 있고 그 약수를 송화강으로 보는 견해가 있다. 그런데 『진서』 「동이열전」 〈숙신씨전〉에 따르면, 숙신씨는 읍루라고도 불리는데, 그 북쪽은 약수에 이른다고 기록되어 있어, 약수는 오늘날의 흑룡강임을 알 수 있다.

흑룡강은 연해주를 지나 그 북쪽에서 오츠크해로 들어가는데, 이 부분을 지금은 아무르강이라 부르지만 흑룡강의 하류인 것이다. 그러므로 부여는 오늘날 길림성 북부와 내몽골자치구 동부 및 흑룡강성 전부를 차지하고 있었음을 알 수 있다.

이 부여를 북부여로 보는 견해도 있으나 동부여로 보는 것이 옳을 것이다. 『삼국사기』 「고구려본기」 〈대무신왕〉조에는, 대무신왕이 부여를 치러 가는 도중에 괴유(怪由)라는 사람을 만나 나눈 대화에서 이 부여를 고구려의 북쪽에 있는 부여라고 했고 금와왕이 다스렸던 부여임을 알게 하는 내용이 보인다. 금와왕은 해부루왕의 뒤를 이은 동부여의 왕이다. 그러므로 고구려의 북쪽에 있었던 부여는 동부여임을 알 수 있다.

동부여는 북부여의 해부루왕이 동쪽으로 이주하여 세운 나라이므로 북부여는 동부여의 서쪽에 있어야 한다. 『사기』「화식열전」에는 연나라의 북쪽, 오늘날 난하 상류 유역에 부여가 있었던 것으로 기록되어 있다. 이것은 북부여일 것이다.

요점

고구려의 북쪽에 있었던 부여는 동부여이다. 동부여는 내몽골자치구 동부와 길림성 북부 및 흑룡강성 전부를 차지하고 있었다. 이와 달리 북부여는 난하 상류 유역에 있었다.

사료 9

『위략』

(『삼국지』 권30 「오환선비동이전」 〈한전〉의 주석)

초기 우거가 아직 격파되지 않았을 때, 조선상 역계경이 간하였으나 듣지 않으므로 동쪽의 진나라로 갔는데, 그때 그를 따라가 살게 된 백성들이 2,000여 호나 되었다.

초　우거미파시　조선상역계경이간우거불용　동지진국　시민수
初, 右渠未破時, 朝鮮相歷谿卿以諫右渠不用, 東之辰國, 時民隨

出居者二千餘戶.

　위 사료는 위만조선의 동쪽에 진나라가 있었음을 알게 해준다. 위만조선이 한반도 북부에 있었다고 보는 통설을 따르면, 위만조선의 동쪽은 동해 바다이므로 진나라가 들어갈 자리가 없다. 그래서 일부 학자들은 진나라는 위만조선의 남쪽 즉 한반도 남부에 있었을 것으로 여기고, 조선상 역계경이 남쪽으로 간 것을 동쪽으로 갔다고 『위략』이 잘못 기록했을 것으로 보고 있다.

　그러나 앞에서 확인된 바와 같이 위만조선은 오늘날 요서 서부, 난하와 대릉하 사이에 있었다. 그러므로 진나라의 위치는 그 동쪽인 요하 유역에 자리할 수 있는 것이다. 사료의 기록이 잘못되지 않았음을 알게 한다. 그 위치로 보아 이 지역이 뒤에 현도군이 되었을 것이다. 여기서 우리가 얻어야 할 교훈은, 역사에서 과거의 사실을 복원하는 작업이 가장 기본적인 작업은 사료에 따라야 한다는 점이다. 사료를 임의로 고쳐 해석하는 것은 매우 위험하다.

요점

위만조선의 동쪽 오늘날 요하 유역에 진나라가 있었다. 위만조선의 조선상 역계경은 우거왕에게 간하였으나 듣지 않자 2,000여 명의 주민을 이끌고 이곳으로 망명하였다.

『삼국사기』 권13 「고구려본기」 〈시조 동명성왕〉조

왕은 비류수 가운데 채소잎이 떠내려 오는 것을 보고 상류에 사람이
살고 있음을 알았다. 이에 사냥을 하면서 찾아가 비류국에 이르렀다.

　(비류국왕) 송양이 나라를 들어 항복하니 그 땅을 다물도라 하고
송양을 봉하여 주를 삼았다. 고구려 말에 옛 땅의 회복을 다물이라
하므로 그와 같이 이름하였다.

王見沸流水中有菜葉逐流下, 知有人在上流者. 因以獵往尋, 至沸
流國. 松讓以國來降, 以其地爲多勿都, 封松讓爲主, 麗語謂復舊土
爲多勿, 故以名焉.

　『삼국사기』 「고구려본기」 〈시조 동명성왕〉조에 따르면 고주몽은
비류수 가에 집을 짓고 그곳을 도읍으로 정하고 나라 이름을 고
구려라 했다. 비류수는 고구려의 첫 도읍지를 흐르던 강이다. 그
러므로 비류국은 고구려의 첫 도읍으로부터 멀지 않은 곳에 있었
을 것이다. 오늘날 요동 지역이었을 것이다.

　비류국의 왕 송양이 나라를 가지고 고구려에 투항하니 고구려
는 그곳을 다물도라 하고 송양왕을 그곳의 주(主)로 삼았다. 다물
이란 고구려 말로서 옛 땅의 회복을 뜻하므로 그렇게 이름 지었
다는 것이다. 고구려가 첫 번째로 병합한 지역을 구토회복이라는

뜻의 이름을 지은 것은 고조선의 옛 땅을 회복하겠다는 뜻을 담았을 것이다.『삼국유사』의 기록에 따르면 고주몽은 단군의 후손이었다. 그러므로 그런 의식을 가졌을 것이다.

요점

비류국은 고구려의 첫 도읍에서 멀지 않은 오늘날 요동에 있었다. 비류국왕 송양이 투항하니 고구려는 그곳을 다물도라 하고 송양왕을 그곳의 주로 삼았다. 이것은 분봉제의 요소이다.

사료 11

『삼국사기』권13 「고구려본기」〈시조 동명성왕〉조

왕은 오이와 부분노에게 명하여 태백산 동남에 있는 행인국을 정벌하도록 하고 그 땅을 빼앗아 성읍을 삼았다.

王命烏伊·扶芬奴, 伐太白山東南荇人國, 取其地爲城邑.

사료의 내용으로 보아 행인국은 태백산, 즉 오늘날 백두산 동남쪽에 있었음을 알 수 있다. 고구려는 이곳을 빼앗아 성읍을 삼았다는 내용이다. 앞에서는 비류국의 땅은 성읍을 삼지 않고 다물도라 하고 송양왕을 그곳의 주로 삼은 사실을 확인했다. 이러한 사실은 고구려 초기의 통치조직에 2가지 요소가 있었음을 알게 해준다. 송양왕을 주로 봉한 것은 분봉제의 요소이고 행인국을 성읍으로 삼은 것은 군현제의 요소인 것이다.

요점

행인국은 오늘날 백두산 동남쪽에 있었다. 고구려는 행인국을 정벌하고 그곳을 성읍으로 삼았다. 성읍으로 삼았다는 것은 군현제의 행정조직에 포함시켰다는 뜻이다.

사료 12
『삼국사기』 권14 「고구려본기」 〈대무신왕〉조

부여왕 대소의 아우는 갈사강 가에 이르러 나라를 세우고 왕이라 칭하였다. 이 사람은 부여 금와왕의 둘째 아들로서 역사에 그 이름은 전하지 않는다. 처음에 대소가 살해된 것을 보고, 그는 나라가 장차 망할 것으로 알고 그를 따르는 사람 100여 명과 함께 압록곡에 이르렀는데, 해두국왕이 사냥 나온 것을 보고 마침내 그를 죽이고 그 백성을 취하여 이곳에 이르러 비로소 도읍을 정하니, 이 사람이 갈사왕이다.

扶餘王帶素弟, 至曷思水濱, 立國稱王, 是扶餘王金蛙季子, 史失
其名, 初帶素之見殺也, 知國之將亡, 與從者百餘人, 至鴨淥谷, 見

海頭王出獵, 遂殺之, 取其百姓, 至此始都, 是爲曷思王.

（해두왕출렵　수살지　취기백성　지차시도　시위갈사왕）

이 사료는 해두국과 갈사국에 관한 정보를 제공한다. 갈사국 왕은 금와왕의 둘째 아들로서 그 이름은 전하지 않는데, 압록곡에서 그곳에 사냥 나온 해두국왕을 죽이고 갈사국을 세워 왕이 되었다는 것이다. 그러므로 해두국과 갈사국은 같은 지역에 있었고 도읍은 압록곡으로부터 멀지 않은 곳이 있었을 것이다.

『삼국유사』「순도조려」에 따르면, 고구려 사람들은 오늘날 요하를 압록수라 불렀다. 그러므로 압록곡은 오늘날 요하 유역에 있었을 것이다. 부여로부터도 멀지 않은 곳이었을 것이다.

요점

해두국과 갈사국은 오늘날 요하 유역에 있었다. 그곳은 당시의 압록곡 지역인데, 압록은 고구려인들이 오늘날 요수를 부르던 명칭이다.

사료 13

『삼국사기』권14 「고구려본기」〈대무신왕〉조

(대무신왕) 9년 10월에 왕은 친히 개마국을 정벌하고 그 왕을 죽이고는 백성을 위안했으며, 그들을 포로로 삼지 않고 다만 그 땅을 군현으로 삼았다.

九年, 十月, 王親征蓋馬國, 殺其王, 慰安百姓, 毋虜掠, 但以其地
위 군 현
爲郡縣.

　　개마국은 국명으로 보아 압록강 상류의 개마 지역에 있었을 것
이다. 고구려는 이곳을 정벌하고 군현으로 삼았다고 했는데, 군현
제는 중앙집권제의 행정조직이다. 앞에서 고구려는 비류국을 병합
한 뒤 그곳을 다물도라 하고 그곳의 왕이었던 송양을 주(主)로 봉
한 사실을 확인했다. 이것은 지방분권제(분봉제) 통치조직이다. 이
러한 사실들은 고구려가 건국 초기에는 분봉제와 군현제를 혼용
했음을 알게 해준다.

요점

개마국은 오늘날 압록강 상류 개마 지역에 있었을 것이다.

사료 14

『삼국사기』 권14 「고구려본기」 〈대무신왕〉조

구다국왕은 개마가 멸망했다는 말을 듣고 자기에게도 해가 미칠까
두려워하여 나라를 들고 와서 항복하였다.

구 다 국 왕 문 개 마 멸　구 해 급 기　거 국 래 항
句茶國王聞蓋馬滅, 懼害及己, 擧國來降.

구다국의 위치를 자세히 기록한 사료는 찾아볼 수 없다. 그러나 구다국왕은 개마국이 멸망했다는 소식을 듣고 자신에게 해가 미칠까 두려워서 고구려에 와서 항복했다고 하므로, 구다국은 개마국으로부터 멀지 않은 곳에 있었을 것이다. 오늘날 길림성 동남부였을 것이다.

요점

구다국은 오늘날 길림성 동남부에 있었을 것이다.

사료 15

『삼국사기』 권15 「고구려본기」 〈태조대왕〉조

(태조대왕) 20년 봄 2월에 관나부 패자 달가를 보내어 조나국을 정벌하고 그 왕을 사로잡았다.

(태조대왕) 22년 겨울 10월에 왕은 환나부 패자 설유를 보내어 주나국을 정벌하고 그 나라 왕자 을음을 사로잡아 고추가로 삼았다.

二十年, 春二月, 遣貫那部沛者達賈伐藻那, 虜其王.

二十二年, 冬十月, 王遣桓那部沛者薛儒伐朱那, 虜其王子乙音爲古鄒加.

조나국과 주나국의 위치를 확인할 수 있는 기록은 보이지 않는다. 그러나 고구려가 초기에 영토를 확장하면서 이 나라들을 정벌하여 병합한 것으로 보아 고구려로부터 멀지 않은 오늘날 요동 지역에 있었을 것이다.

요점

조나국과 주나국은 고구려로부터 멀지 않은 오늘날 요동 지역에 있었을 것이다.

이제 우리 고대사 체계를 바로 세우자

개관

한국의 옛 문헌에 기록된 고대사 체계는 2가지로 나뉜다. 하나는 『제왕운기』, 『고려사』「지리지」, 『세종실록』「지리지」 등에 보이는 체계이고, 다른 하나는 『삼국유사』〈고조선〉조 기록에 나타난 체계이다.

앞의 체계는, 기자가 조선으로 이주하던 시기에 고조선은 이미 망했고, 기자가 와서 그 지역에 기자조선을 세웠는데, 그 뒤를 이어 위만조선과 한사군이 그곳에 자리했다고 보는 견해이다. 뒤의 체계는, 기자가 망명하여 정착한 곳은 고조선의 서부였으며, 기자가 정착한 뒤에도 고조선은 그 동쪽에 계속 건재하고 있었다고 보는 견해이다. 이 견해를 따르면 기자조선의 정권을 빼앗아 건국된 위만조선과 위만조선이 망하고 그 지역에 설치된 한사군도 고조선의 서부에 있었으며, 그 동쪽에는 고조선이 있었고 그 뒤를 이어 한민족의 여러 나라가 있었다는 것이 된다.

『제왕운기』 계통의 체계는, 고조선은 잠시 존재하다가 멸망하였고 그 지역에 중국의 망명객이 세운 기자조선과 위만조선이 존속하다가 서한이 한사군을 설치함으로써 중국의 영토에 편입되었다는 것이 된다. 따라서 한민족은 그들의 역사가 시작되는 초기에 약 1,400여 년 동안 중국인들의 지배를 받았다는 것이 된다. 그러나 이와는 달리 『삼국유사』 계통의 체계는 한민족이 세운 고조선은 그 맥이 끊어지지 않고 고스란히 열국시대로 이어졌다는 것이 된다.

고려 말부터 근세조선 시대를 거치면서 『제왕운기』 계통의 체계는 통설로 자리를 잡아 오늘에 이르고 있다. 다만 지금 통용되는 한국 고대사 체계에는 기자라는 명칭만 제거되어 있을 뿐이다. 반면에 『삼국유사』 계통의 체계는 계승되지 못했다. 심지어는 고대사를 전공하는 학자들 중에도 『삼국유사』〈고조선〉조가 통설과는 다른 한국 고대사 체계를 말하고 있다는 사실조차 모르는 사람이 있는 것이 현실이다. 사료를 꼼꼼히 분석하지 않아서 비롯된 것이다.

이런 현상은 고려시대부터 모화사상이 증대된 것과 관계가 있을 것이다. 이 2가지 다른 한국 고대사 체계 가운데 어느 것이 사실과 일치할까. 앞에서 살펴본 바와 같이 중국 고대 기록을 통해 본 한국 고대사 체계는 『삼국유사』 계통의 체계와 일치한다. 이것은 『삼국유사』 계통의 체계가 옳다는 것을 말해주는 것이다. 따라서 지금 한국 역사는 잘못 체계화한 고대사가 통설로 자리 잡고 있는 것이다. 하루속히 바로잡혀야 한다.

다음 사료들은 이미 앞에서 소개되었다. 그러나 이해의 편의를 돕기 위해 다시 소개한다.

사료 1
『고려사』 권63 「예지」 「길예소사」 〈잡사〉

숙종 7년 10월 임자일에 예부에서 말하기를, "우리나라의 예의를 교화한 것은 기자로부터 시작되었으나 그가 사전(祀典)에 실려 있지 않았으니, 그의 분묘를 찾아서 사당을 세우고 제사를 지내도록 하시기 바랍니다."고 하니, 왕이 이를 따랐다.

肅宗七年, … 十月壬子朔, 禮部奏, 我國敎化禮義自箕子始, 而不載祀典, 乞求其墳塋立祠以祭, 從之.

고려 숙종 7년(1102년)에 예부에서 건의하여 기자의 분묘를 만들고 사당도 세워 기자에 대한 제사를 지내도록 했다는 이 내용은 한민족에 의해 공식적으로 기자의 묘가 만들어지고 사당이 지어져 제사가 받들어지게 된 시기를 알려준다. 고려 숙종 7년까지는

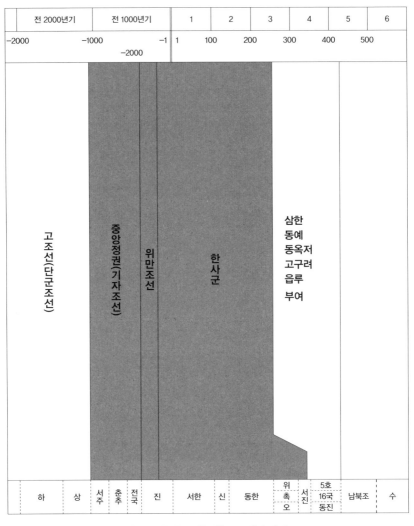

		전 2000년기		전 1000년기		1	2	3	4	5	6
−2000			−1000		−1	1	100	200	300	400	500
					−2000						

하	상	서주	춘추	전국	진	서한	신	동한	위촉오	서진 동진	5호 16국	남북조	수

고조선(단군조선)

중앙정권(기자조선)

위만조선

한사군

삼한
동예
동옥저
고구려
읍루
부여

현재 통용되고 있는 한국 고대사 체계
(회색 부분은 한민족이 중국인의 지배를 받았던 것으로 되어 있는 시기)

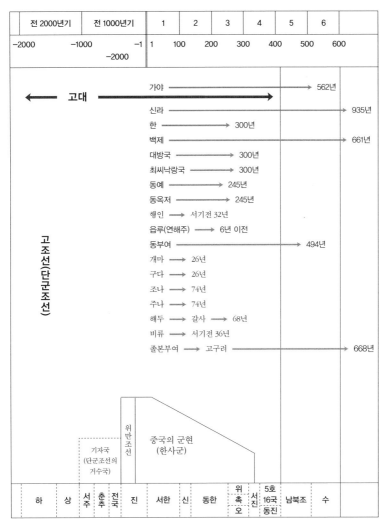

전 2000년기	전 1000년기	1	2	3	4	5	6	

-2000   -1000   -1 |1   100   200   300   400   500   600

← 고대

고조선(단군조선)

가야 ────────────→ 562년
신라 ──────────────────→ 935년
한 ──────→ 300년
백제 ──────────────────→ 661년
대방국 ────→ 300년
최씨낙랑국 ───→ 300년
동예 ───→ 245년
동옥저 ───→ 245년
행인 ──→ 서기전 32년
읍루(연해주) ──→ 6년 이전
동부여 ──────────→ 494년
개마 ──→ 26년
구다 ──→ 26년
조나 ──→ 74년
주나 ──→ 74년
해두 ──→ 갈사 ──→ 68년
비류 ──→ 서기전 36년
졸본부여 ──→ 고구려 ──────→ 668년

위만조선

기자국
(단군조선의
거수국)

중국의 군현
(한사군)

하	상	서주	춘추	전국	진	서한	신	동한	위촉오	서진 동진	5호 16국	남북조	수

올바른 한국 고대사 체계

한반도에 기자의 분묘나 사당이 존재하지 않았지만, 이 시기에 이르러 비로소 기자가 거론되어 오늘날 평양에 기자묘와 기자사당이 세워졌음을 알려주는 내용이다.

　기자가 망명하여 정착한 조선은 난하 유역에 있었다. 그런데 기자 망명시기보다 훨씬 후대인 고려시대에 평양에 기자묘와 기자사당이 만들어짐으로써 기자가 한반도에 와서 정착했던 것처럼 전해지게 되었던 것이다. 고려시대에는 한민족의 영토가 한반도에 국한되어 있었으므로 기자를 우리 역사와 연관시키기 위해서는 그의 망명지를 한반도 안으로 끌어들여 설명할 수밖에 없었을 것이다.

요점

평양의 기자묘와 기자사당은 서기 1102년(고려 숙종 7년) 무렵에 만들어진 것이다. 이 시기에 고려사회에 중국 문화, 특히 유학이 강하게 자리 잡아가고 있었다는 점과 관계가 있다.

사료 2

『제왕운기』 권 하 「전조선기」

처음으로 어떤 사람이 나라를 열고 바람과 구름을 인도하였던가. 석제의 후손으로 그 이름은 단군이었다. 제요가 일어난 시기와 같은 해 무진년에 나라 세워 제순 시대를 거쳐 하나라 시대를 지나기까지 왕위에 있었다. 은[殷: 상(商)]나라 무정 8년 을미년에 아사달산에 들어가 신이 되었다. 나라를 다스리기 1,028년인데, 어쩔 수 없이 변화하여 환인에 전해졌으나 도리어 164년이 지난 뒤에 어진 사람이 나타나 겨우 군주와 신하를 부활시켰다.

후조선의 조상은 기자로서 주나라 호왕(무왕) 원년 기묘 봄에 도망해 와 이곳에 이르러 스스로 나라를 세웠는데, 주나라 호왕(무왕)은 멀리서 그를 봉하고 명을 내려 다스리니, 이에 감사하지 않을 수 없어 들어가 인사 올리니, (무왕은 기자에게) 홍범구주와 올바른 인륜에 대해 물었다. (기자의) 41대손 이름은 준인데, 어떤 사람의 침략을 받아 나라를 빼앗기니 백성도 가버렸다.

한나라 장수 위만은 연나라에서 출생하여 고제(한고조) 12년 병오년에 와서 공격하여 준을 축출하고 나라를 빼앗았는데, 손자 우거에 이르러 그 허물이 가득 차니 한 호(한무제) 원봉 3년 계유년에 장수에게 명하여 군대를 출동하여 와서 토벌하였다. … 이로써 이 땅은 나뉘어 4개의 군이 되었고 각 군에 군장을 두고 백성을 나누어 다스렸다. 진번과 임둔은 남과 북에 자리하고 낙랑과 현도는 동쪽과 서쪽에 치우쳐 있었다.

초 수 개 국 계 풍 운　 석 제 지 손 명 단 군　 병 여 제 고 (요) 흥 무 진　 경 우 력 하
初誰開國啓風雲, 釋帝之孫名檀君. 並與帝高(堯)興戊辰, 經虞歷夏

거 중 신　 어 은 제 호 (무) 정 팔 을 미　 입 아 사 달 산 위 신　 향 국 일 천 이 십 팔
居中宸, 於殷帝虎(武)丁八乙未, 入阿斯達山爲神. 享國一千二十八,

무 나 변 화 전 환 인　 각 후 일 백 육 십 사　 인 인 료 복 개 군 신　 후 조 선 조 시
無奈變化傳桓因, 却後一百六十四, 仁人聊復開君臣. 後朝鮮祖是

기 자　 주 호 원 년 기 묘 춘　 포 래 지 차 자 입 국　 주 호 요 봉 강 명 륜
箕子, 周虎元年己卯春, 逋來至此自立國, 周虎遙封降命綸,

예 난 불 사 내 입 근　 홍 범 구 주 문 이 륜　 사 십 일 대 손 명 준　 피 인 침 탈 료
禮難不謝乃入覲, 洪範九疇問彝倫. 四十一代孫名準, 被人侵奪聊

去民. … 漢將衛滿生自燕, 高帝十二丙午年, 來攻逐準乃奪國, 至
孫右渠盈厥愆, 漢虎(武)元封三癸酉, 命將出師來討焉. … 因分
此地爲四郡, 各置郡長綏民編, 眞番·臨屯在南北, 樂浪·玄菟東西偏.

『제왕운기』에 따르면, 고조선은 기자가 망명해 오기 전에 이미
망했고 164년 뒤에 그곳에 다시 나라가 섰다. 이를 후조선이라 부
르면서 후조선의 조상은 기자라고 하여 그가 후조선의 건국자였
다. 기자의 41대 후손인 준왕은 위만에게 나라를 빼앗겨 위만조선
이 건국되었고, 위만조선은 우거왕 때 서한 무제의 침공을 받아
멸망하고 그 지역에 진번군·임둔군·낙랑군·현도군 등이 설치되
었다는 내용이다.

후조선(기자조선)이 고조선과 같은 영역을 차지하고 있었다는『제
왕운기』의 기록은『삼국유사』〈고조선〉조와 커다란 차이가 있다.
『제왕운기』에 따르면 단군이 상나라 무정 8년에 아사달산에 들어
가 신이 되었으며, 단군이 나라를 다스린 기간이 1,028년 동안이
었다. 그러나『삼국유사』〈고조선〉조에 따르면 단군이 나라를 다
스린 기간은 1,908년 동안이었으며, 단군이 나라를 다스린 지
1,500년 되던 주 무왕 때에 기자가 고조선으로 망명해 오자, 도읍
을 장당경과 아사달로 두 번 옮긴 뒤 아사달산에 들어가 신이 되
었다.

말하자면 고조선은 기자가 망명해 오기 전에 이미 도읍을 두
번 옮겼고, 기자가 망명 온 뒤에도 도읍을 두 번 옮기면서 계속해

서 존속했다고 말하고 있는 것이다.

요점

『제왕운기』에는 기자가 고조선이 망한 뒤 164년에 그곳에 와서 나라를 세웠는데, 그것이 후조선(기자조선)이라고 말하고 있다. 그리고 위만조선이나 한사군 등은 모두 고조선과 같은 지역에 자리해 있었다고 말하고 있다.

사료 3

『고려사』 권12 「지리지」 〈서경유수관평양부〉조

서경 유수관 평양부는 본래 세 조선의 옛 도읍인데, 당요 무진년에 신인이 단목 아래로 내려오니 나라 사람들이 그를 세워 군주로 삼아 평양에 도읍하고 단군이라 부르니, 이것이 전조선이다. 주나라 무왕이 상나라를 정복하고 기자를 조선에 봉하니, 이것이 후조선이다. 41대 후손 준에 이르러 이때 연 지역에서 망명한 위만이란 사람이 있어 1,000여 명을 모아 무리를 만들어 쳐들어 와서 준의 땅을 빼앗고 왕험성에 도읍하니, 이것이 위만조선이다. 그 손자 우거가 황제의 명령을 받들지 않으니, 한나라 무제는 원봉 2년에 장수를 보내어 우거를 토벌하게 하고 평정하여 4개의 군을 만드니, 이로써 왕험은 낙랑군이 되었다.

서경유수관평양부본삼조선구도　당요무진세　신인강우단목지하
西京留守官平壤府本三朝鮮舊都, 唐堯戊辰歲, 神人降于檀木之下,

국인입위군도평양호단군　시위전조선　주무왕극상봉기자어조선
國人立爲君都平壤號檀君, 是爲前朝鮮. 周武王克商封箕子於朝鮮,

시위후조선　체사십일대손준　시유연인위만망명　취당천여인래
是爲後朝鮮. 逮四十一代孫準, 時有燕人衛滿亡命, 聚黨千餘人來

탈준지　도우왕험성　시위위만조선　기손우거불긍봉조　한무제
奪準地, 都于王險城, 是爲衛滿朝鮮. 其孫右渠不肯奉詔, 漢武帝

원봉이년견장토지　정위사군　이왕험위낙랑군
元封二年遣將討之, 定爲四郡, 以王險爲樂浪郡.

　　『고려사』는 근세조선 초에 편찬되었지만 고려시대의 자료를 바
탕으로 이용했다. 이 기록은 고조선을 전조선, 기자조선을 후조선
이라 부르고 여기에 위만조선을 더하여 삼조선이라 부르고 있다.
이들은 모두 고려시대의 서경, 오늘날 평양에 도읍했다고 기술하
고 있다. 고조선(전조선), 기자조선(후조선), 위만조선을 합하여 삼조
선이라 부르는 것이다.

　　이것은 이들 조선이 수직적인 계승관계에 있다고 보는 것으로
서『삼국유사』〈고조선〉조 기록과는 다르고,『제왕운기』의 기록과
는 일치하는 것이다. 이러한 견해는 이후 한국 사학계의 통설로
자리를 잡았다. 다만 기자는 삭제되고 그 후손인 준왕이 그 자리
를 대신하고 있다. 그러나 이런 체계는 사실과 다른 것으로 확인
된다.

요점

고조선(전조선), 기자조선(후조선), 위만조선을 삼조선이라 부르고 이들을
모두 고조선에 포함시키고 있다. 이는『삼국유사』기록과는 다르고

『제왕운기』 기록과 일치한다.

사료 4

『세종실록』 권154 「지리지」 〈평양부〉조

[평양부는] 본래 삼조선의 옛 도읍으로서 중국 당요의 무진년에 신
인이 단목 아래로 내려오니, 나라 사람들이 세워 군주로 삼아 평양에
도읍하고 칭호를 단군이라 하니, 이것이 전조선이다. 주나라 무왕이
상나라를 이기고 기자를 이곳에 봉하니, 이것이 후조선이다. 41대 손
자 준 때에 이르러 연 지역 사람 위만의 망명이 있었는데, 1,000명의
무리를 만들어 와서 준의 땅을 빼앗았고 왕험성에 도읍하니, 이것이
위만조선이다. 그의 손자 우거는 황제의 명령을 받들지 않으므로 한
무제는 원봉 2년(서기전 108년)에 장수를 보내어 그를 토벌하여 평정하
고 진번·임둔·낙랑·현도 4개의 군을 만들었다.

本三朝鮮舊都, 唐堯戊辰歲, 神人降于檀木之下, 國人立爲君, 都平
壤, 號檀君, 是爲前朝鮮. 周武王克商, 封箕子于此地, 是爲後朝
鮮. 逮四十一代孫準時, 有燕人衛滿亡命, 聚黨千人, 來奪準地, 都
于王險城, 是爲衛滿朝鮮. 其孫右渠, 不肯奉詔, 漢武帝元封二年,
遣將討之, 定爲眞番·臨屯·樂浪·玄菟四郡.

『세종실록』「지리지」는 고조선을 전조선, 기자조선을 후조선이라 부르고 여기에 위만조선을 더하여 삼조선이라 부르면서 오늘날 평양은 이들 삼조선의 도읍이라 말하고 있다. 그리고 서한 무제는 위만조선을 멸망시키고 그곳에 낙랑군·진번군·임둔군·현도군 등 한사군을 설치했다고 하였다.

이에 따르면 고조선, 기자조선, 위만조선, 한사군이 오늘날 평양을 중심으로 한 한반도 북부의 동일한 지역에 있었다는 것이 된다. 『제왕운기』, 『고려사』「지리지」 등에 나타난 고려시대의 삼조선의 견해가 조선시대에도 그대로 이어졌음을 알게 한다.

요점

『세종실록』「지리지」는 고조선, 기자조선, 위만조선을 삼조선이라 부르면서 오늘날 평양은 삼조선의 도읍이며 한사군도 같은 곳에 있었다고 하였다. 이는 『제왕운기』, 『고려사』「지리지」 등의 고려시대 견해를 받아들인 것이다. 이런 체계는 그 뒤에도 계승되어 현재 통용되는 한국 고대사 체계의 모태가 되었지만, 이는 역사적 사실과 맞지 않은 잘못된 것이다.

사료 5
『삼국유사』 권1 「기이」 〈고조선〉조 ─ 왕검조선

『위서』에 이르기를, 지금으로부터 2,000년 전에 단군왕검이 있어 도읍을 아사달에 정하고 나라를 세워 이름을 조선이라 하였는데, 요와 같은 시기였다고 하였다. 『고기』에 이르기를, … 이름을 단군왕검이라 하는데, 당고(요)가 즉위한 지 50년 되는 경인년에 평양성에 도읍하고 비로소 조선이라 불렀다. 또 도읍을 백악산 아사달로 옮겼는데, 그곳을 또 궁홀산이라고도 부르고 금미달이라고도 한다. 나라를 다스린 지 1,500년 되는 해인 주 호[虎 : 무(武)]왕 즉위 기묘년에 기자를 조선에 봉하니, 단군은 장당경으로 옮겼다가 뒤에 아사달로 돌아와 은거하다가 산신이 되었다. 수명이 1,908세였다.

『魏書』云, 乃往二千載有壇君王儉. 立都阿斯達, 開國號朝鮮, 與高(堯)同時. 『古記』云, … 號曰壇君王儉, 以唐高(堯)卽位五十年庚寅, 都平壤城, 始稱朝鮮. 又移都於白岳山阿斯達, 又名弓忽山, 又今弥達. 御國一千五百年, 周虎(武)王卽位己卯, 封箕子於朝鮮, 壇君乃移於藏唐京, 後還隱於阿斯達, 爲山神. 壽一千九百八歲.

고조선은 네 번 도읍을 옮겼다는 내용이다. 도읍명은 아사달, 평양성, 백악산 아사달, 장당경, 아사달 등이었다는 것이다. 단군이 나라를 다스린 지 1,500년 되는 서주 초 무왕 때 기자가 조선으로 망명해 오자(원문에는 봉했다고 표현), 단군은 도읍을 장당경으로 옮겼다가 다시 아사달로 돌아왔다는 것이다. 단군의 통치기간은 1,908년이었다고 기록되어 있다.

이 기록에 따르면 기자가 조선으로 망명한 뒤에도 고조선은

400여 년 동안 존속했다는 것이 된다. 기자는 서쪽에서 이동해 왔기 때문에 고조선 지역은 기자국(기자조선)의 동쪽이었을 것이다. 위 내용은 매우 중요한 사실을 말하고 있다.

첫째는, 기자가 조선으로 망명하여 정착한 후에도 고조선은 계속해서 존재하고 있었다는 점이다. 둘째는, 그렇다면 기자는 고조선의 서부에 정착했을 것이라는 점이다. 기자국이 고조선의 서부에 위치했다면 기자국의 준왕으로부터 정권을 빼앗아 건국된 위만조선과, 위만조선이 멸망한 후에 그 지역에 설치된 한사군도 고조선의 서부에 있었을 수밖에 없다. 이들은 수직적인 계승관계에 있었기 때문이다.

그러므로 그 동쪽에 고조선이 계속 존재하다가 부여·읍루·고구려·졸본·비류·행인·해두·개마·구다·조나·주나·갈사·동옥저·동예·최씨낙랑·한 등의 여러 나라로 분열되어 열국시대가 도래한 것이 된다. 이런 고대사 체계는 현재 통용되는 체계와는 완전히 다르다. 하지만 앞에서 사료에 따라 확인된 고대사 체계와는 전적으로 일치하는 것이다. 이것은 『삼국유사』〈고조선〉조 기록이 옳으며 지금까지 통용되어온 고대사 체계가 잘못된 것임을 입증해주는 것이다.

요점

『삼국유사』〈고조선〉조는 기자가 망명하여 정착한 곳은 고조선의 서부였다고 말하고 있다. 그렇다면 위만조선과 한사군도 고조선의 서부에 있어야 한다. 그리고 그 동쪽은 고조선이 계속해서 존재하다가 여

러 나라로 분열되었다는 것이다. 이 체계는 사료에 의해 확인된 사실
과 부합한다.

현행 한국 고대사 체계는 잘못되어 있다. 하루속히 바로 세워야 할
것이다.

사료로 보는
우리
고대사

초판 1쇄 펴낸 날 2017. 4. 7.

지은이 　윤내현
발행인 　양진호
발행처 　도서출판 |만권당|

등 록 　2014년 6월 27일(제2014-000189호)
주 소 　(04045) 서울시 마포구 양화로 56 동양한강트레벨 718호
전 화 　(02) 338-5951~2
팩 스 　(02) 338-5953
이메일 　mangwonbooks@hanmail.net

ISBN 　979-11-958723-2-9 (04910)
　　　　979-11-957049-6-5 (세트)

이 도서의 국립중앙도서관 출판예정도서목록(CIP)은 서지정보유통지원시스템
홈페이지(http://seoji.nl.go.kr)와 국가자료공동목록시스템(http://www.nl.go.
kr/kolisnet)에서 이용하실 수 있습니다.(CIP제어번호: CIP2017006256)